딜레마의 편지
조직의 우상을 섬기는 당신에게

이안

HR과 브랜딩, 경영학과 심리학의 경계에서 조직문화를 탐구하며 디자인과 글쓰기를 기웃거린다. 역할과 규정, 절차에 얽매이기보다 경계를 넘나들며 새로운 기준을 제시할 수 있는 일을 꿈꾼다. '우리 다운' 조직문화를 만드는 일에 관심이 많으며 가장 '나다운' 선택을 위해 오늘도 고민한다. 지은 책으로 『그래서, 인터널브랜딩』, 『조직문화 재구성, 개인주의 공동체를 꿈꾸다』가 있다.

브런치 brunch.co.kr/@1slide1message <브랜딩인가HR인가>

딜레마의 편지
조직의 우상을 섬기는 당신에게

초판 1쇄 인쇄 2022년 03월 28일
초판 1쇄 발행 2022년 04월 01일

지은이 이안
편　집 이안, 장혜수
마케팅 총괄 임동건
마케팅 임주성, 홍국주, 김아름, 신현아, 김다혜, 김민숙
마케팅 지원 안보라, 황예지, 신원기, 박주현, 김미나, 배효진
경영지원 임정혁, 이순미
펴낸곳 플랜비디자인
디자인 장혜수, 이안

출판등록 제2016-000001호
주소 경기도 화성시 첨단산업1로 27 동탄IX타워
전화 031-8050-0508　　**팩스** 02-2179-8994
이메일 planbdesigncompany@gmail.com

ISBN 979-11-6832-011-6 03320

* 이 책은 저작권법에 따라 보호받는 저작물이므로 무단 전제와 무단 복제를 금지하며,
  이 책의 내용을 전부 또는 일부를 이용하려면 반드시 저작권자와 플랜비디자인의 서면 동의를 받아야 합니다.
* 잘못된 책은 바꿔 드립니다.
* 책값은 뒷표지에 있습니다.

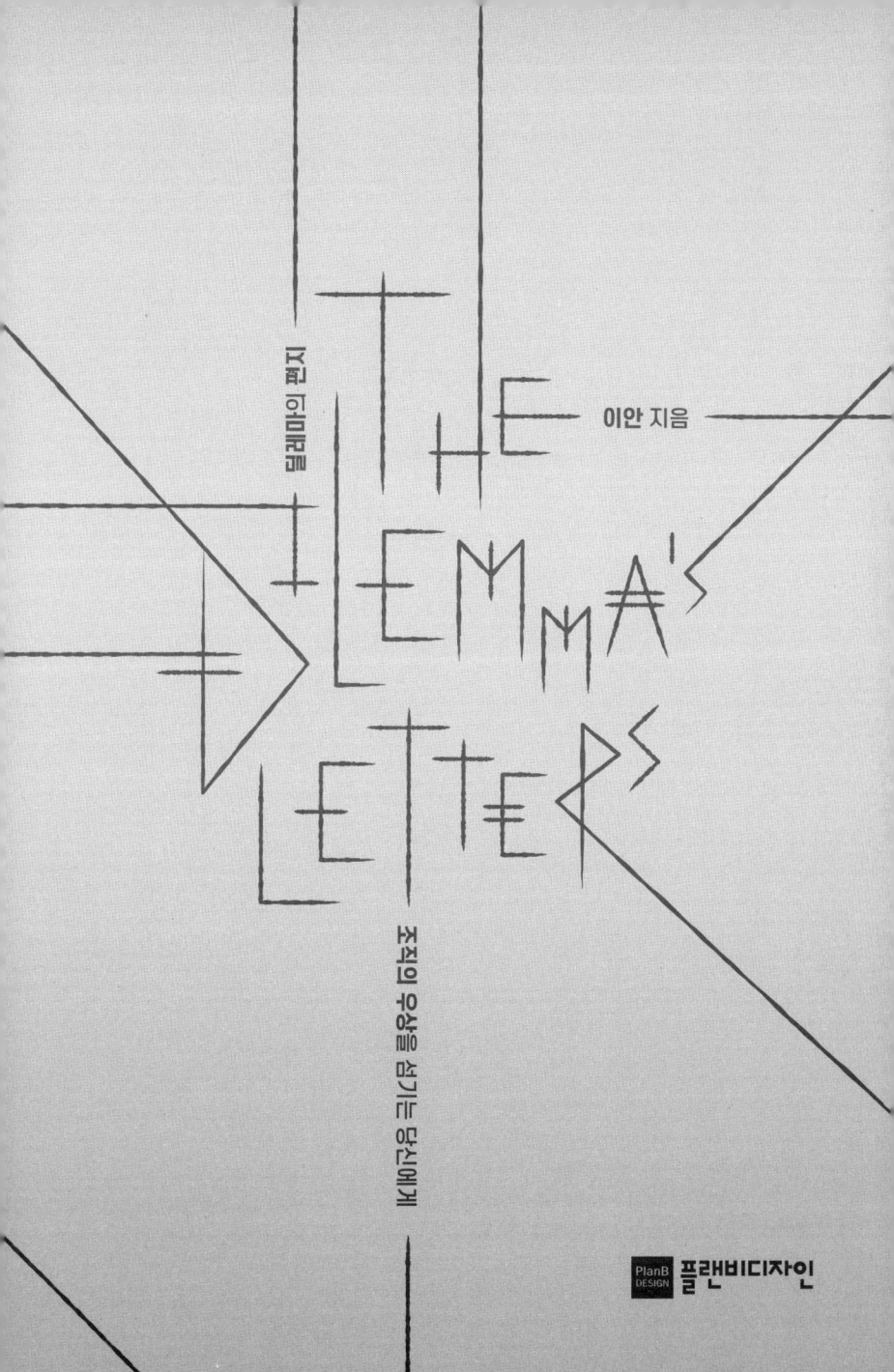

Inspired by <The Screwtape Letters>
- C.S. Lewis

추천사

이 책은 '정치적 리더십'에 대한 유혹이 언제나 우리 곁에 가까이 있음을 경고한다. 그것은 현실로부터 그 유용성을 획득하고 있다는 점에서 교묘하고 은밀하게 우리의 의식을 지배할 가능성이 있다. 하여 우리는 이 책에서 보여 주는 유혹으로부터 결코 벗어날 수 있다고 장담해서는 안 된다. 현실은 이런 리더들이 득세하고 있을 가능성이 크고, 그것은 거대한 카르텔이 되어 이미 우리의 의식 안에 깊숙이 침투했을 수도 있기 때문이다.

따라서 독자는 저자가 보여 주는 이 책의 교묘한 배치를 치열히 파고들어야 한다. 그리고 이 책은 충분히 그럴 가치가 있음을 증명한다. 독자는 책을 읽는 내내 리더십의 의미와 사명, 그리고 조직의 목적과 가치를 다시 생각하지 않으면 안 된다. 스스로 단단한 믿음과 도덕적 원칙이 서 있는지, 사명을 실현하기 위한 담대한 용기가 있는지, 그리고 사람들의 공감을 얻고, 그들의 진정한 열정을 모으기 위해 과감히 인습적 그물에서 벗어나 있는지를 의심해야 한다. 그래서 이 책은 진정 리더가 될 준비가 되어 있는지를 우리에게 준엄히 묻는다.

저자는 리더가 된다는 것이 사유화된 욕망을 충족하고 자기 입지를 강화하는 것이 아님을 역설한다. 그보다 깊은 성찰로부터 장애와 난관, 불확실성에 맞서는 독립적인 주체가 될 때, 비로소 공동체의 운명에 책임을 진 사람, 그 리더가 탄생하고 있음을 극적으로 보여준다. 이 책은 그래서 우리의 위선과 기만을 파헤친다.

이제 준비된 독자들은 이 책과 그 한판 대결을 벌여야 한다. 승리를 자신하는 것은 금물이다.

구루피플스 ㈜아그막 대표이사, 진성리더십아카데미 원장
이창준

목차

주의사항	/	
		010 p
첫 번째 편지~스무 번째 편지	/	
		012 p
베리타스의 쪽지	/	
		296 p

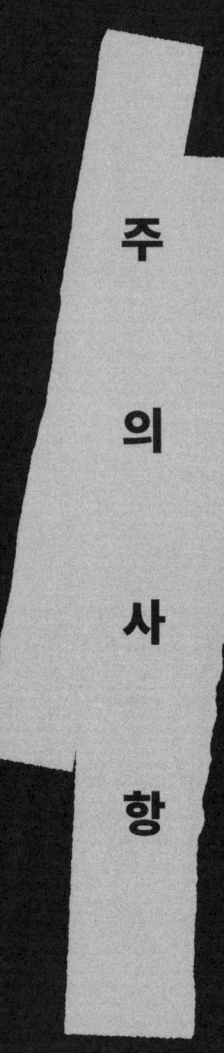

이 책에는 악마 '딜레마(Dilemma)'가 그를 숭배하는 L에게
보내는 스무 개의 편지가 담겨 있습니다. 제가 이 편지를 어떻게 손에
넣게 되었는지는 굳이 여기서 언급하지는 않겠습니다.
그냥 '베리타스(Veritas)'라는 친구가 급하게 전해 주었다고만 해 두죠.

    L은 14년째 같은 회사를 다니고 있는 평범한 직장인입니다.
그가 처음에 어떻게 딜레마를 만나게 되었는지는 저도 알 수가
없습니다. 하지만 분명한 건, L은 꽤 오래전부터 딜레마와 긴밀하게
연락을 취하며 그의 도움을 받았고, 그 덕분에 회사에서 꽤 인정받는
인재로 성장해 왔다는 겁니다. 딜레마는 L의 옆을 밤낮으로 지키며
중요한 선택의 순간에 그의 귀에다가 비밀스럽고 은밀한 목소리를
속삭입니다. L은 그런 딜레마를 존경하고 숭상하며 맹목적으로
의지하죠.

    때로는 여러분은 딜레마가 들려주는 이야기가 그의 말인지,
여러분의 안에 어딘가에서 들려오는 목소리는 아닌지 의심이 들 때도
있을 겁니다. 그가 보낸 편지 안에서 어떤 말들은 언뜻 합리적이고
마땅하며 사리에 맞게 들릴지도 모릅니다. 하지만 여러분은 반드시
기억해야 합니다. 악마는 끊임없이 사람을 유혹하고 미혹하며
현혹시키는 데 능하다는 것을 말이죠. 그가 흔히 잘 쓰는 전략은 거짓을
참으로 둔갑시켜 사고를 혼란시키고 감정을 격앙시키는 것입니다.

    부디, 딜레마의 목소리에 현혹되지 마시길 바랍니다.

이 편지의 메신저, 이안(Ian)

딜 레 마 의

첫 번 째

편

편 지

사랑하는 L에게

기나긴 고생 끝에 드디어 팀장을 맡게
되었다는 너의 편지 잘 받아 보았다. 이제 회사 안에서
누군가 너의 이야기에 귀를 기울여 줄 만한 자리를
차지하게 되었구나. 이날을 얼마나 기다렸던지….
그동안 나의 현명한 조언에도 불구하고 의도한대로 일을
진행시키지 못하고 심지어 몇몇 좋은 기회를 놓치는
너의 모습을 보면서 참으로 답답했다. 그렇다고 해서
너를 탓할 마음은 없단다. 네 능력의 부족이라기보다
그 능력을 담을 만한 자리에 있지 못한 것이 탐탁지
않았을 뿐이지. 누구든 능력이 제아무리 좋아도 조직
안에서 그 능력을 쓸 수 있는 권력이 없다면 아무 소용이
없잖니. 진정한 힘은 자리에서 나오니까 말이다.
'자리가 사람을 만든다'는 말은 그래서 나온 말이지.
하지만 지금이라도 그토록 고대하던 자리를 차지하게
되었으니 이제 우리의 목적대로 일을 진행하기가 조금

더 수월해지겠지. 아, 지금 시점에서 우리의 '목적'을 조금 더 분명하게 짚어야 할 필요가 있겠구나. 그래야 이후의 나의 조언을 네가 더 분명하게 이해할 수 있을 테니 말이야.

        지금부터 내가 하는 이야기를 똑똑히 기억해 두거라.
이 말을 잘 기억한다면 분명 너는 멋진 성취를 이룩하고 성공이라는 자리에 올라설 수 있을 것이다. 먼저 가능한 모든 부분에서 사람들이 너에게 의존하게 만들거라. 이제 넌 팀장이 되었으니 먼저 너의 팀원들이 네게 전적으로 의존하게 만드는 것부터 작업을 시작하는 것이 수월할 것이다. 팀을 빠르게 장악하는 것이 곧 팀장의 리더십이다. 앞으로 너는 다른 사람을 어떻게 움직일지 더 전략적으로 고민해야 할 것이다. 쉬운 팁을 하나 알려 주자면 가능한 주요 정보를 팀원들에게 공유해서는 안 된다. 정보는 리더를 리더답게 만들어 주는 주요 원천이다. 왜냐하면 의사결정의 핵심이기 때문이지.

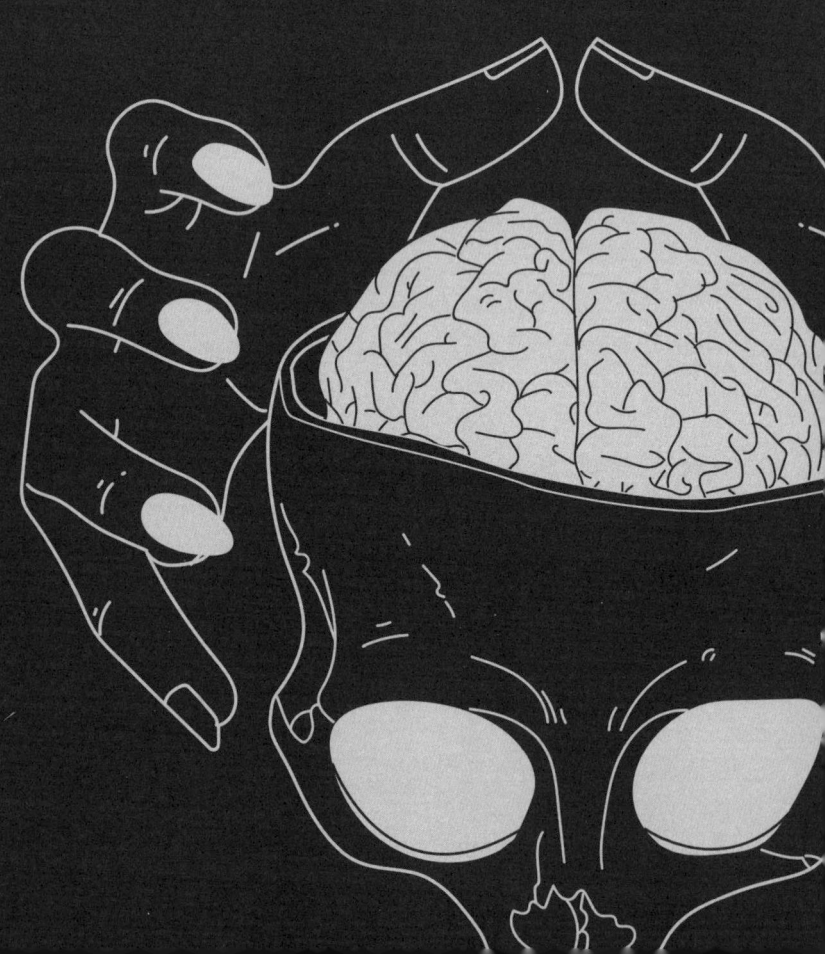

판단은 오직
리더의 전유물이
되어야 한다.

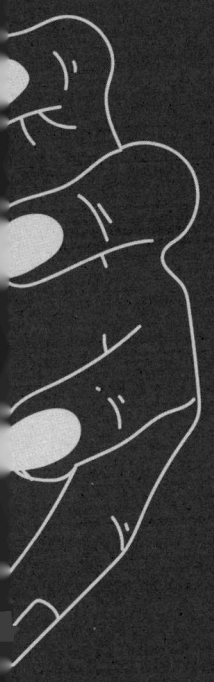

　만일 모든 사람이 각자의 판단을 한다면 너는 상당한 어려움을 겪게 될 것이다. 의견을 듣고 조율하고 최종 결정을 만들어 내기까지 머리가 깨지도록 상당한 노력과 시간을 쏟아야겠지. 게다가 적시에 의사결정 타이밍을 놓쳐서 너의 윗사람들로부터 듣기 싫은 말을 들어야 할지도 모른다. 중요한 정보를 손에 쥐고 의사결정을 하는 것은 리더의 고유한 권한이니 팀원들에게 일일이 알려줄 필요 없다. 가능한 네 선에서 판단하고 팀원들에게는 결과만 통보해 주거라. 어차피 그들은 너와 바라보는 눈높이가 다르니 정보를 세세하게 들여다볼 시간도 이해할 능력도 없을 것이다. 그리고 조직 내 절차상 어차피 결정은 너의 몫이지 않느냐. 그들 역시 어차피 팀장인 네가 결정을 할 것이라고 하며 니가 정보를 공유해 준다 한들 스스로 고민하거나 생각하지 않을 것이다. 정보를 네가 손에 쥐고 현명한 의사결정을 위해 느긋하게 검토하여라. 이렇게 하면 넌 단시간에 팀을 장악할 수 있고, 팀원들은 너에게 점점 더 의존하게 될 것이다.

다른 사람이 너에게 점점 더 의존하기 시작한다고 너무 부담을 갖진 말거라. 사실 그것이 리더의 책임이라는 것 아니겠니. 앞으로 너는 사람들로부터 책임이라는 단어를 종종 듣게 될 것이다. 어떤 일에 책임을 져야 한다는 말이 처음엔 무겁게 느껴질지도 모르겠지만 이 역시 너무 신경 쓰지 말거라.

생각보다
조직은

첫 번째 편지

책임을 따지는 일에 미숙하단다.

사람들은 책임의 무게를 감당할 수 없어서 보통 함께 연대하여 책임을 나누어 가지려고 들지. 그리고 너도 알다시피 사람 수가 많아지고 규모가 커질수록 일의 절차나 이해관계가 복잡하게 얽혀 있잖니. 보통 조직 안에서 일의 잘잘못을 짚어보기 위해 책임을 따지기 시작할 때는 이미 그 복잡성이 증가할 만큼 증가하여 결국 책임을 논하는 것 자체가 소모적인 것이 돼 버리지. 그래서 사람들은 매번 프로세스나 시스템의 탓으로 돌리게 된다. 이런 상황에서는 우리가 약간만 손을 써도 서로가 서로의 탓을 하기가 아주 쉬워진단다. 책임 소재가 불분명하고 프로세스가 복잡해 각자가 서로의 탓을 하며 불평불만을 쏟아 놓을 때 나는 아주 흥분된다. 사람들의 영혼을 파멸시킬 수 있는 기회가 더 가까이 와 있다는 시그널이기 때문이지.

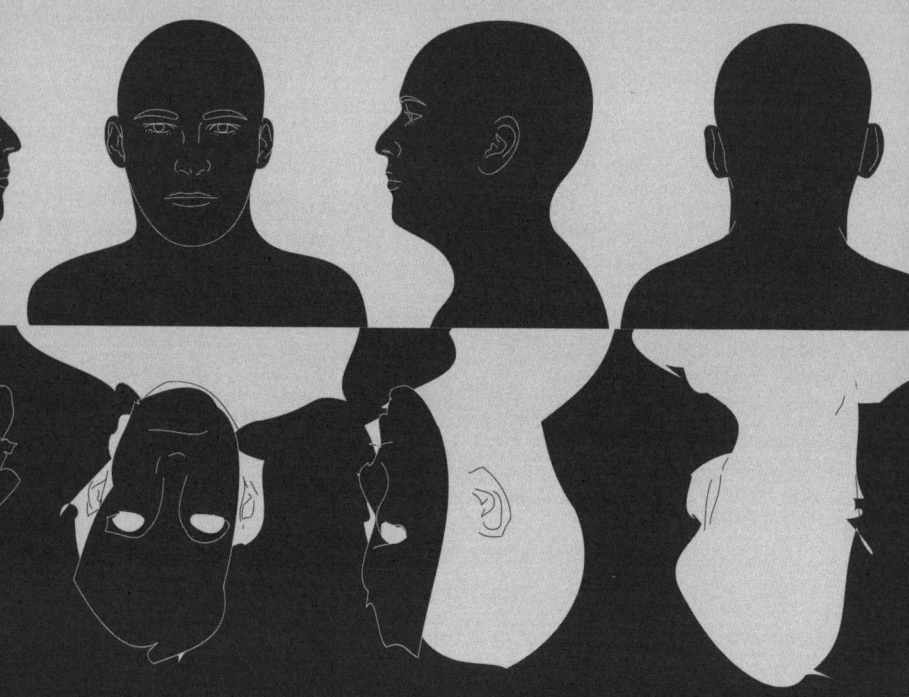

사람들은 **책임으**
자신의 존재감을 인정받기

따라서 우리 활동의 목적은 사람들이 늘 자신의 존재감에 우선적으로 집중하도록 만드는 것이다. 절대 타인의 존재와 역할에 관심을 갖게 하지 말아라. 집단의 이익과 공동의 목적에 조금이나마 관심을 갖게 되는 것도 위험하다.

일을 하지 않고
해 일한다는 것을 기억하렴.

첫 번째 표지

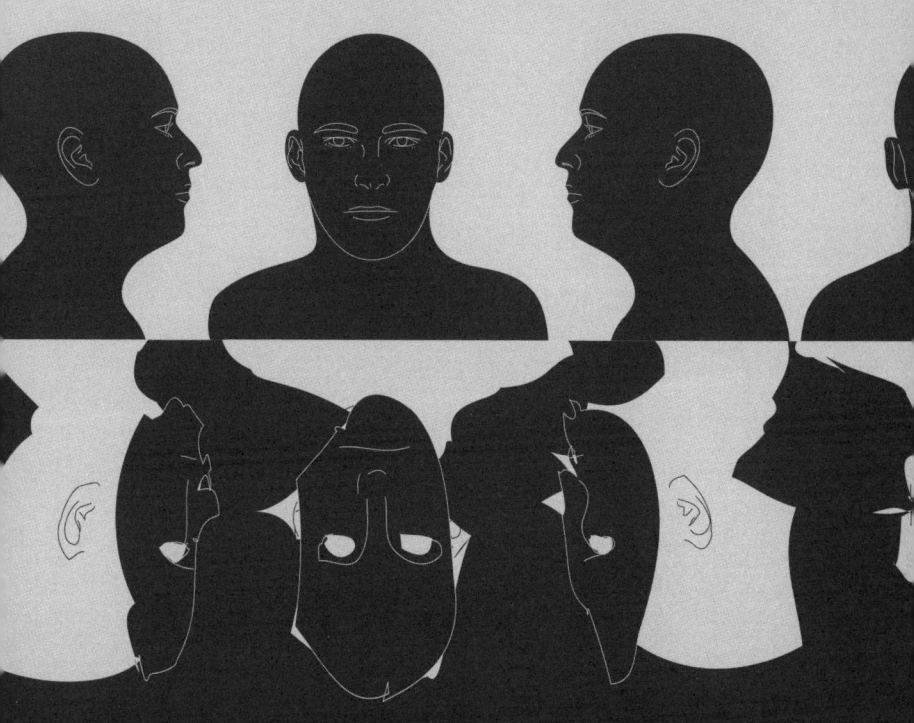

오직 자기 자신에게만 집중하게 만들고 성취를 이루고 인정을 받고자 하는 욕구를 최대한 끌어올려라.

드래머의 편지

팀장으로서 어려운 결정을 내리고 책임을 다하며 게다가
팀원들의 기를 살려 주는 일을 동시에 해야 한다는 건 굉장히 어려운
일이라는 점을 인정한다. 특히 이제 막 팀장이라는 역할을 맡게 된 네게는
불가능한 것처럼 느껴질 것이다. 팀원으로서 일할 때 보다 이것저것 살필
것이 많으니 역할에 대해 기대했던 것보다 실망감을 느낄지도 모르겠구나.
하지만 이와 같은 느낌과 생각은 성장에 따른 당연한 고통이라고
이해해 주면 좋겠구나. 조금 더 큰 성취와 성공을 위한 일종의 변화, 패러다임
전환 말이다. 이제 너는 좀 더 큰 시선으로 실무자 패러다임의 관점에서
관리자 패러다임의 관점으로 넘어와야 한다. 너는 내 도움 덕택에 지금까지
조직 안에서 인정받고 이 자리까지 올라올 수 있었지. 필요한 상황에서
필요한 말을 할 수 있게 너를 도왔고, 때로는 주변 사람들을 활용해 너에게

첫 번째 편지

지식과 정보를 전달했다. 너를 시기하고 미워하던 주변 사람들로부터 내가
널 구원했고 같은 출발점에서 시작한 동료들을 따돌릴 수 있게
물심양면으로 널 도와주었지. 그렇다고 이런 사실에 대해 너에게 감사의
마음을 요구하는 것은 아니다. 아직 이 정도로 내게 감사를 표현하기엔
이르지…. 다만 지금과는 조금 다른 문법과 규칙을 너에게 요구하는 것이다.
조직 안에서 한 사람이 인정받고 원하는 결과를 얻어 내는 과정은 지금껏
내가 너에게 알려 주었던 것보다 실은 조금 더 미묘하고 복잡하거든.
단순히 사람들이 필요로 하는 것을 제공하거나 문제를 해결하였다고 해서,
또는 옳은 것을 말하고 실천하였다고 해서 인정을 받을 수 있는 것은
아니다. 무릇 '인간'이란 자신과 타인을 비교하면서 세상을 바라보는 법.

어리석은 그들을 위해
네가 해야 할 일은
**그들의 부족함을
들추지 말고
그저 네게 의존하여**

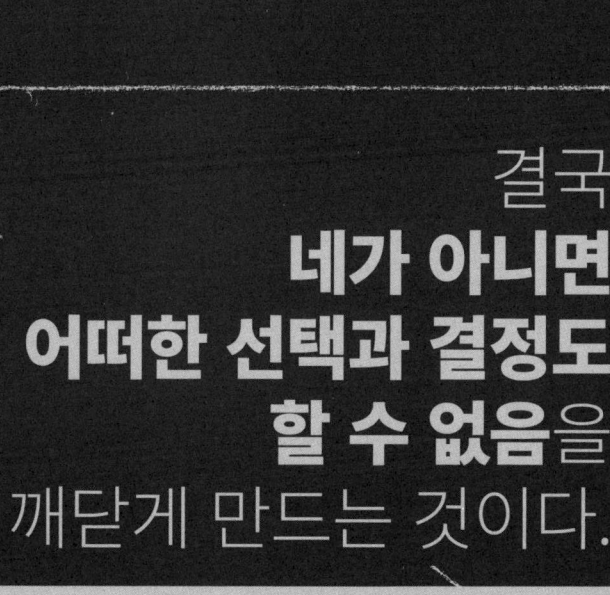

결국
**네가 아니면
어떠한 선택과 결정도
할 수 없음**을
깨닫게 만드는 것이다.

선택과 결정이 오롯이 리더인 너의 몫임을 그들은 분명히 알고 있어야 한다.

딜레마의 편지

     나는 아직 너에게 많은 친절을 베풀 용의가 있다. 나는 네가 조직 안에서 더 많은 성취를 이루고 더 큰 성공을 이루길 원한다. 그것이 네게 행복을 가져다 줄 것이니 말이야. 그러니 지금까지 그래왔 듯이, 앞으로도 내 조언에 늘 귀를 잘 기울이렴. 그리고 더 전략적으로 행동하렴. 나는 '전략'을 늘 중요하게 생각한단다. 전략은 항상 우리를 준비시키고 위기에 대응할 수 있게 하지. 미래는 늘 예측할 수 있고 탁월한 전략은 늘 우리에게 승리를 안겨 준다.

그럼, 오늘도 승리하렴.

너를 아끼는 Dilemma

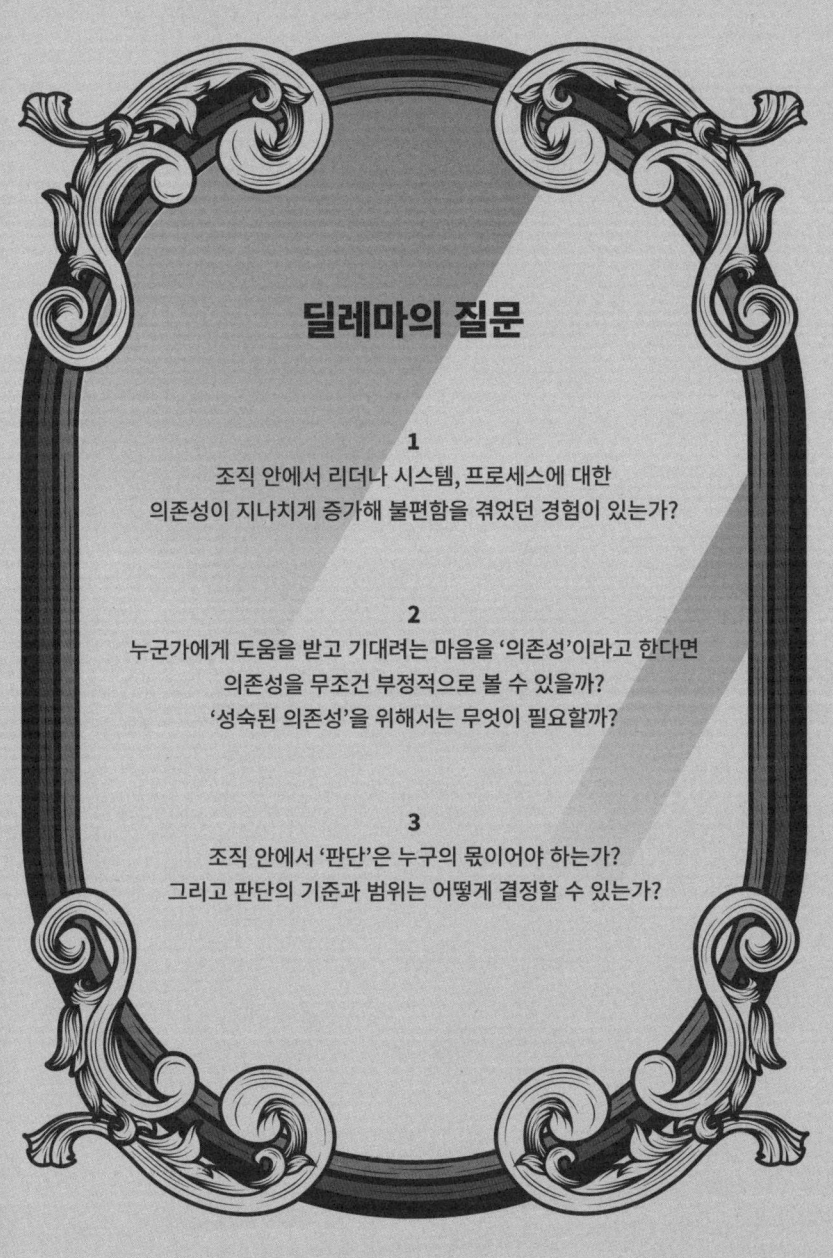

딜레마의 질문

1
조직 안에서 리더나 시스템, 프로세스에 대한
의존성이 지나치게 증가해 불편함을 겪었던 경험이 있는가?

2
누군가에게 도움을 받고 기대려는 마음을 '의존성'이라고 한다면
의존성을 무조건 부정적으로 볼 수 있을까?
'성숙된 의존성'을 위해서는 무엇이 필요할까?

3
조직 안에서 '판단'은 누구의 몫이어야 하는가?
그리고 판단의 기준과 범위는 어떻게 결정할 수 있는가?

딜레마의

두 번째

편

편

지

지

사랑하는 L에게

새로 맡게 된 팀에서 네가 조금씩 조직 분위기를 장악하고 있다는 소식 반갑게 들었다. 한 달이 채 되지 않은 시간에 벌써 팀원들이 네 눈치를 보며 분주하게 일을 하고 있는 모습을 보니 뿌듯하구나.

눈치는 일종의

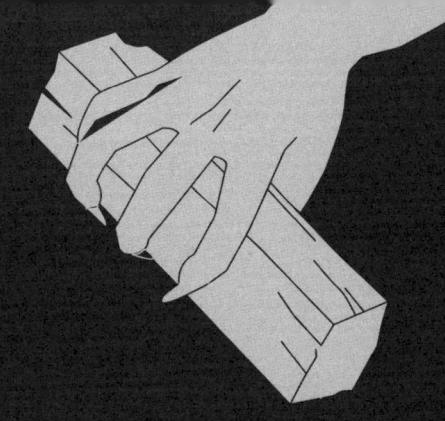

'창조적 긴장감'이다.

적당한 긴장이 조직의 창의성을 부추기는 법이지. 게다가 서로의 관계에서 선을 벗어나지 않는 예의를 갖출 수 있게 도와주기도 하지. 사람들이 너의 눈치를 본다는 것은 너의 존재감이 그만큼 그들에게 커 보이게 되었다는 것을 의미한다. 팀원들이 너에게 예의를 갖추고 굳이 네가 이야기를 하지 않더라도 나름의 규율과 통제를 가지게 되었다면 비로소 팀의 질서와 체계가 갖추어졌다고 할 수 있겠지. 그 규율과 통제로 인해서 너는 스스로 생각하지 못한 것까지 쉽게 얻을 수 있게 될 거야. 특별한 노력을 쏟지 않고도 그들 스스로 만들어 낸 규율이 네가 조금 더 쉽게 조직을 장악하고 네 윗사람에게 인정받을 수 있도록 도울 것이다. 결국 이것이 우리가 의도하는 인간 세계의 질서 아니겠니.

팀원들이 너의 뒤에서 어떤 이야기를 하든 그건 네가 전혀 신경 쓸 필요가 없다. 무릇 인간이란 존재는 굉장히 분열되어 있는 이중적인 존재라는 것을 기억해 두거라. '두 도시 이야기(A Tale of Two Cities)'라는 소설을 알고 있는지 모르겠구나. 18세기 프랑스 대혁명을 바탕으로 혼란스러운 사회와 개인의 삶을 다룬 이야기인데 거기에 이러한 표현이 등장하지.

두 번째 표지

"그것은 최고의 시간이었고,
최악의 시간이었다.
지혜의 시대였고,
어리석음의 시대였다.
믿음의 세기였고,
불신의 세기였다.
빛의 계절이었고
어둠의 계절이었다.
희망의 봄이었고
절망의 겨울이었다.
우리는 모든 것을 갖고 있었고,
또 아무것도 갖지 못하기도 했다.
우리 모두
천국으로 향하고 있었지만,
또 반대로 가고 있었다."

당시 시대가 얼마나 혼란스럽고
격동적이었는지 단적으로 보여 주는 대목이지.
지금 시대도 실은 이와 다르지 않다. 사람들은 자신의
생각이 어디에 기인하는지, 자신이 느끼고 있는 감정의
정체는 무엇인지, 그리고 자신이 진짜 원하는 것은
무엇인지 잘 알지 못하지. 어제까지 옳다고 생각했던
이상이 하루 아침에 무너질 수 있는 것이 지금의 시대다.
따라서 뒤에서 네게 손가락질하며 불만을 표출하던
이들도 결국 네 앞에서는 너의 기분을 살피느라
노심초사하게 될 것이다. 너의 표정과 입술을 살피며
때로는 입에 발린 그럴 듯한 말로 너의 마음을 사려고
노력할 것이다. 그들이 일을 진행하기 위해서는 너의
결정이 필요하며, 너를 거치지 않고서는 그것을 성과로
인정받기는 불가능할 테니 말이다. 뒤에서 너를
손가락질했던 이들도 결국 성공에 대한 욕구로 인해
네게 머리를 조아리게 될 것이다. 난 끊임없이 그들의
귓속에 대고 그들이 이루고 싶어 하는 야망과 그들이
가지고 싶어 하는 소유를 속삭이며 마음에 불을 지필
것이야. 네가 해야 할 일은 리더로서 네가 가지고 있는
힘을 잘 활용하여 전략적으로 평가와 보상을 하는 것이다.

정보를 손에 쥐고 있는 것이
단기적으로 조직을 장악하고
내부의 질서를 만드는 데
효과적이라면

**전략적인 평가와 보상은
좀 더 장기적이고 지속적으로
팀원들의 순종과 협력을
이끌어 내는 데에
탁월한 효과를 발휘하지.**

평가와 보상을 영민하게 활용할 수 있다면
더욱 쉽고 빠르게 네가 원하는 바를 성취할 수 있을 게다.
먼저, 목표를 수립하기 위해 너무 서둘지 말거라.
어차피 너의 부서나 네 개인의 목표는 회사 전체의
전략과 목표가 나온 이후에 그와 연결하여 수립이 되어야
하잖니.전략 회의를 통해 회사의 목표가 구체적으로
정해질 때까지 팀의 목표 수립이나 방향 설정과 관련해
아무런 행동을 취할 필요가 없다. 쓸데없이 먼저
진행했다가 몇 번이나 반복해서 같은 일을 하는
시행착오를 겪지 않기 바란다.

　　회사의 목표가 정해졌다고 하더라도 바로 팀원들과 목표를 논의할 필요도 없다. 회사에서 목표 설정에 늘 기한을 제시하지만 이 게으르고 어리석은 인간들은 기한 안에 제대로 된 목표를 수립할 리가 없기 때문이다. 매번 목표 수립 제출 기한이 연장되고 이미 팀원들과 목표에 대해 중간 피드백을 나누어야 하는 시점에서 꾸역꾸역 각 팀의 목표가 취합되고 그제서야 겨우 승인이 나는 것을 너도 지난 수년간 경험했을 것이다. 옆에서 일하고 있는 팀이 목표를 작성하여 제출했다는 이야기가 들려오면 그때 비로소 팀원들에게 목표 수립을 지시해도 늦지 않다. 이때 굳이 팀원들에게 부담을 줄 필요가 없다. 어차피 목표 수립 기한은 지났고, 얼마 있지 않으면 곧 평가를 해야 하는 시기가 돌아오기 때문에 그때까지 팀원들이 각자 하고 있는 고유 업무로 목표를 작성하게 하면 팀원들도 부담 없이 빠르게 목표 수립을 완료할 수 있을 게다. 물론 이미 그 전년도에 제출한 목표 수립 내용을 참고하여 붙여 넣게 하는 것도 좋은 방법이다.

어쩌면 누군가는 네가
수립한 목표와 성과는 적합하지
않다며 딴죽을 걸지 모른다.
걱정하지 말고 그때는 모든 책임을
회사 탓으로 돌려라. '전략과 조직
전체의 목표가 빠르게 제시되었어야
하지 않느냐', '목표 수립 제출 기한을
더 여유 있게 주었어야 하지 않느냐',
'그래 놓고 결국 계속 기한을 연장해
이미 중간 시점이 지나 목표 수립이
급하게 완료된 것이 아니냐',
'목표가 타당하지 않다면 수립
단계에서 담당 부서가 제대로
피드백을 주었어야 하지 않느냐',
'이런 절차를 마련해 놓고 리더가
어떻게 평가를 진행하라는 말이냐'
등…. 너의 입장을 대변해 줄 수 있는
상황과 환경, 절차는 이미 충분하다.

조직의 규모가 커지면
커질수록 상황은 더욱 너에게
유리하게 돌아갈 것이다.

사람은 자신의 경험으로
**세상을 이해하고
타인을 판단하는 법.**

경험은 통찰을
가져다 주기도 하지만
**때로는 편견을
만들기도 하지.**

사람들은 각자가 가지고 있는 경험을 통해
목표와 성과, 보상이라는 개념을 서로 다르게 이해하게
된다. 때로는 조직 안의 많은 부분들이 용어에 대한
정의와 가정을 확인하는 과정 속에서 해결될 수 있음에도
불구하고 사람들은 그러한 노력을 하지 않을 것이다.
눈에 보이지 않는 것을 따져보는 것보다 눈에 보이는
것을 검토하고 확인하는 것이 더 쉽고 빠르기 때문이지.
그렇다고 세상을 작동시키는 힘은 대부분 눈에 보이지
않는 것으로부터 비롯된다고 그들에게 알려줄 필요는 없다.
너는 그저 계속해서 프로세스와 시스템을 개선하고
새롭게 도입해야 한다고 주장해라. 프로세스와 시스템을
도입하든 도입하지 않든 너는 다른 사람들의 눈에
충분히 조직에 기여하고 있는 사람으로 비칠 것이다.

두 번째 편지

자, 여기까지 왔으면 이제 실질적인 보상을 위해 팀원들의 성적을 매길 차례다. 네게 소개해 주고 싶은 짧은 문장이 하나 더 생각나는구나. 소설 '오만과 편견(Pride and Prejudice)'에는 '상당한 재산을 가진 독신 남성에게 아내가 필요하다는 건 보편적인 진리이다'라는 유명한 문장이 있다. 이 문장은 독신 남자가 아내를 필요로 한다는 것인지, 여자와 그 가족들이 많은 재산을 필요로 한다는 것인지 지금까지도 의문을 제기하고 있지. 무엇이 되었든 남녀의 서로 다른 욕망을 시니컬하게 꼬집고 있다는 점에 그 의미가 있단다. 이 말을 이렇게 바꾸어 보면 어떻겠니?

"상당한 충성도를 가진
좋은 성과가 필요하다는 건

     요즘 사람들은 '충성심'이 높은 직원이라 하면 썩 기분 좋아하는 것 같지 않더구나. 그저 상사의 비위를 잘 맞추고 아부를 잘하는 이미지만 머릿속에 떠오르는 탓일까? 개인적으로는 나도 그런 의미의 충성심 높은 직원을 좋아하지 않는다. 아니 오히려 꺼리는 편이라고 하는 게 맞겠지.

팀원에게
보편적인 진리다."

실력 없이 빈 깡통 마냥 눈에 뻔히 보이는 요란한 소리만 내는 인간이라면
나도 그를 도와줄 마음이 들지 않는다. 내가 호감이 가는 사람은 자신의
목표가 뚜렷하고 그 목표에 아주 열정적인 사람이지. 남들과는 조금
다르게 성장하고 싶은 욕심이 있어야 내가 도와줄 마음이 들지 않을까?
꼭 너처럼 말이야.

목표에 집중하고
무엇보다
그것을 이루고자 하는 욕구가
매우 강력한 사람이야말로,
**내가 이야기하는
진정
'충성심'이 있는 직원이지.**

그런 사람에게 좋은 평가를 주는 것을 아까워해서는 안 된다. 높은 충성도를 지닌 사람에게 반드시 좋은 성과가 필요하다는 이야기가 아니다. 좋은 성과가 높은 충성도를 지닌 사람을 만났을 때에야 비로소 그 의미가 있다는 뜻이지.
따라서 팀원들 중에 진정한 충성심이 있는 직원을 분별하고 그들에게 좋은 결과를 주는 것이 마땅하다.
그러면 그들은 네게 더욱 적극적으로 협조하며 너를 더욱 높은 곳으로 데려가 줄 것이야. 또한 이 과정을 통해 그들과 연대를 형성하게 된다면 너의 조직 장악력은 더욱 견고해질 것이고 어느 누구도 쉽게 너의 뜻을 거스르는 행동을 하기 어려워질 것이다.

혹시나 성과를 볼모로 그들을 조종하고 있다는
죄책감을 조금이라도 가지고 있다면 당장 버려라.

너도 알다시피
조직을 작동하게 하는 것은
'시스템'이다.

예측 불가능한 위험과 변화 속에서도 흔들림 없이
작동하는 견고한 질서와 체계, 그것이 조직을 움직이는
기반이 된다. 그러한 체계를 만들고 그 체계가 제대로
작동되도록 관리하고 통제하는 것이 바로 리더십이다.
너는 이와 같은 훌륭한 리더십을 발휘하고 있는 것이야.

적당히 예의와 품격을 지키면서도 조직을 움직이는 시스템을 관리하는 일은 꽤나 고단하지만 어쩔 수 없는 리더의 숙명이란다. 하지만 지금처럼 꾸준히 너의 역할과 의무를 성실히 이행하면 네가 고단하게 느끼는 지금의 일이 실은 아무것도 아니었음을 깨닫게 되겠지. 그때가 되면 너는 모든 사람들이 칭송하는 '전문가'가 되어 있을 게다.

그럼 오늘도 승리하렴.

너를 아끼는 Dilemma

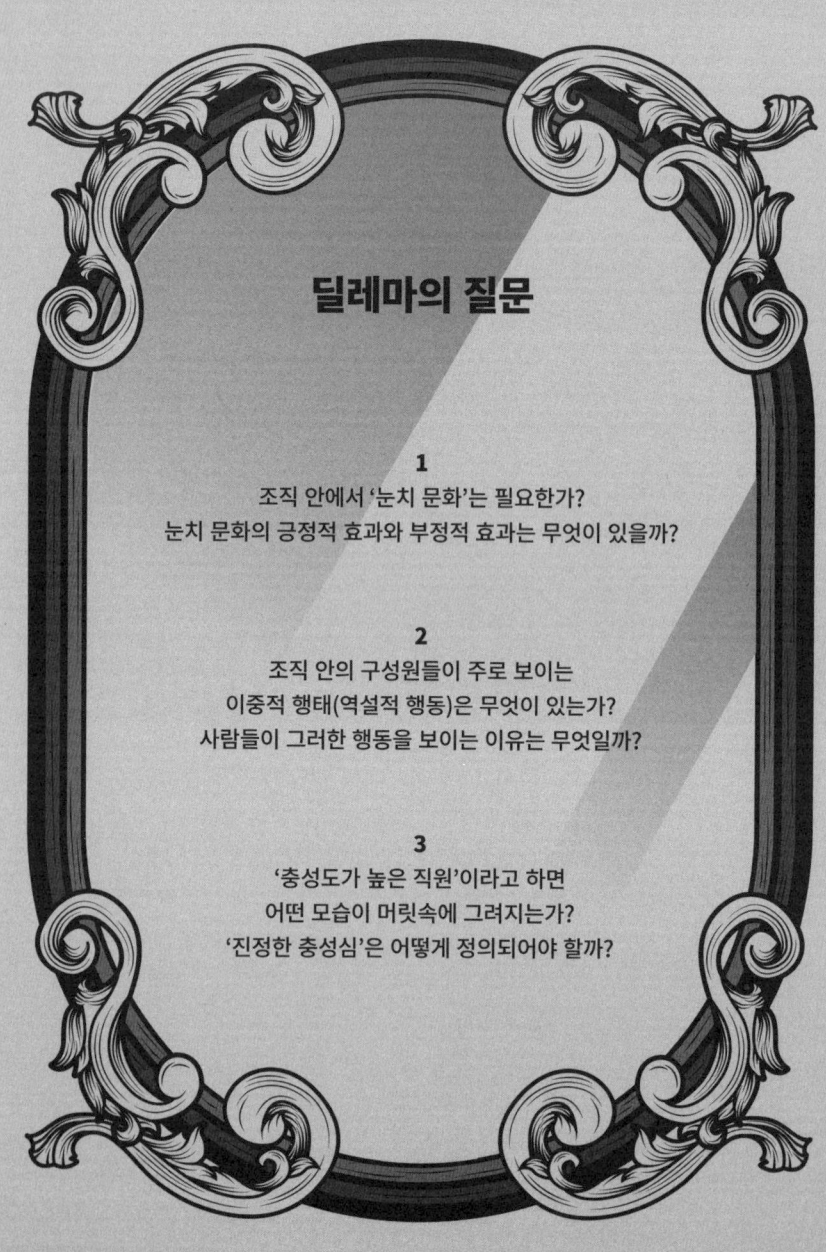

딜레마의 질문

1
조직 안에서 '눈치 문화'는 필요한가?
눈치 문화의 긍정적 효과와 부정적 효과는 무엇이 있을까?

2
조직 안의 구성원들이 주로 보이는
이중적 행태(역설적 행동)은 무엇이 있는가?
사람들이 그러한 행동을 보이는 이유는 무엇일까?

3
'충성도가 높은 직원'이라고 하면
어떤 모습이 머릿속에 그려지는가?
'진정한 충성심'은 어떻게 정의되어야 할까?

두 번째 편지

세 번째 딜레마의

편

지

사랑하는 L에게

네가 요즘 맡게 된 프로젝트에 열의를 가지고 팀원들의 업무를 신경 쓰고 있다는 이야기 잘 들었다. 네 사장이 직접 챙기고 있는 일이니 이번 일이 잘 마무리되면 아무래도 네가 더 큰 성취와 인정을 받을 수 있겠지. 이 부분에 대해선 나도 네가 역할을 다할 수 있길 바라는 마음이다.

때마침 네 상사가 적잖이 이 일에 기대가 높고 이걸 통해서 무언가를 이루고 싶어하는 모양이야. 그래서 그의 욕심을 더욱 자극할 수 있도록 내가 이미 내 동료에게 단단히 일러두었다. 아마 시간이 지날수록 그의 목표에 대한 집착은 더 심해질 것이다.

그런데 너도 알다시피 그는 이미 능력에 비해 과분한 자리에 있는 사람이잖니. 그는 다른 사람의 눈치를 보면서 자신의 생존을 전전긍긍하는 소인배일 뿐이다. 지난번 임원 회의에 참여하여 너도 확인할 수 있었 듯이 매번 주변 사람들을 흘깃거리면서 다른 사람의 말을 따라 앵무새처럼 반복하잖니. 그렇게 자신이 가진 능력에 비해 감당해야 하는 일의 난이도가 높고 이에 대한 두려움에 빠져 있을 때, 사람은 어딘가 기댈 곳을 찾게 된다. 따라서 그는 틀림없이 네게 의존하게 될 거야.

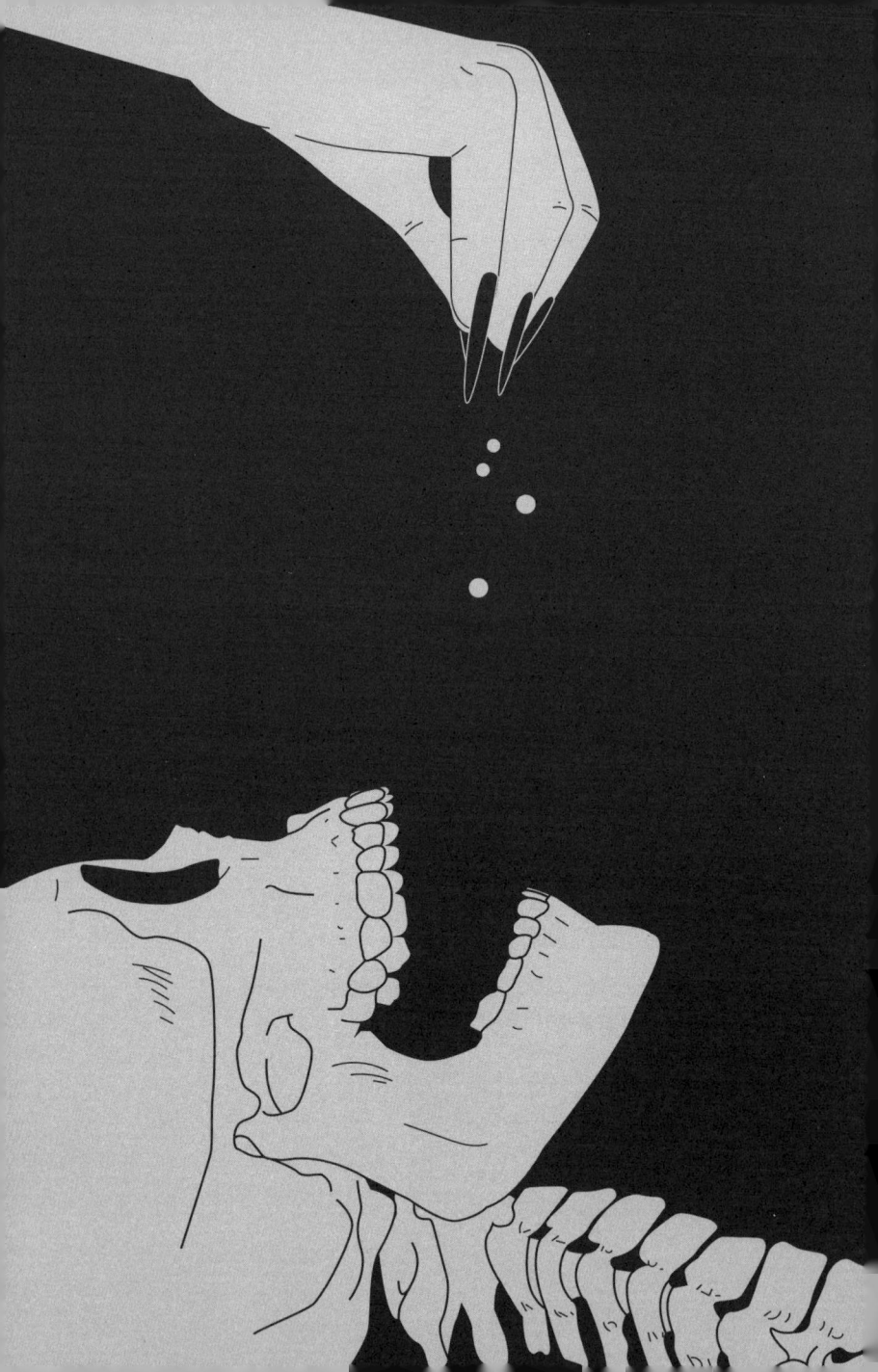

그가 너보다 직위가 높기 때문에 네게 이런저런 지시와 요구를 하겠지만 그렇다고 스트레스를 받을 필요는 없다.

그저 너는
**맛있는 것을 원하는
아이의 입에**

하나, 둘 그때마다
**좋아할 만한 음식을
던져 주면 된다.**

	그렇다고 아주 거창한 음식을 준비할 필요도
없다. 어디서든 쉽게 구할 수 있는 저렴하고 자극적인
음식이라면 그는 충분히 만족해할 것이고 결국 네가
때마다 제공해 주는 음식에 쉽게 길들여질 것이다.
나중엔 네가 맛 좋은 음식을 가지고 있는 흉내만 내도
그는 입맛을 다시며 상상 속의 그 음식을 얻기 위해
네 요구를 들어줄 수밖에 없을 것이다. 아마 이런 습관이
잘 길들여질 때면 내 동료가 그에게 도움을 주기 훨씬 더
쉬워지겠지.

	그런데, 그에게 음식을 제공할 때 네가 반드시
유의해야 할 몇 가지 사항들이 있다. 먼저, 네가 준비한
음식을 절대 쉽게 구해 왔다고 이야기하지 말아라.
그가 네게 무언가 과제를 주거나 지시를 내렸을 때 그가
만족할 법한 결과물을 일찍 발견해 내었다고 하더라도
가능한 시간을 끌고 최대한 어렵게 구했다고 이야기해라.
이런 노력이 네가 그에게 제공하는 음식의 가치를 결정할
것이다. 겉으로 보여지는 너의 시간과 노력이 많이
투여되었다고 여겨질수록 그는 그 음식을 더욱 맛있다고
느낄 것이다. 자고로 능력에 비해 과분한 자리를
차지하고 있는 상사라는 것들은 밑에 직원이 자리에
엉덩이를 붙이고 있으면 있을수록, 시간이 오래되면
오래될수록, 그리고 과정이 복잡하면 복잡할수록
결과물이 좋을 것이라고 믿는 경향이 있지.

실은
그들이 믿는 것은
결과물의
완성도가 아니라

그러한
직원의 태도가
**자기에게
존중을 표하는
예의이자 규율이라고
믿고 있으면서 말이다.**

어쨌거나 그가 믿고 있는 것을 주면, 그는 스스로
자기 규율에 빠져 되려 네가 제시하는 규율대로
움직일 것이다.

한 가지 더, 그에게 음식을 제공할 때 그의
안목과 탁월한 능력을 추켜세워라. 네가 준비한 음식의
맛이 훌륭해서가 아니라 그가 가지고 있는 안목과 식견
덕분에 모두가 음식 본연의 맛을 제대로 느낄 수
있었다고 말하거라. 그가 스스로를 똑똑하다고 믿고
자신의 능력을 절대적으로 신뢰하도록 만들라는 말이야.

그는
눈을 뜨고 살고 있지만

정작
자기 자신을 보지 못하는
눈먼 장님에 불과하다.

네가 그를 효과적으로 이용하기 위해서는,
실은 그가 눈이 멀었다는 사실을 알려 주지 않는 것뿐만
아니라 네가 그의 눈이 되어 주는 것이다. 네가 그의 말
하나하나에 맞장구를 치며 그의 능력을 추켜세우고
체면을 살펴 준다면 너는 그의 눈이 될 수 있을 게야.
평소 주변의 영향을 많이 받고 호감을 얻고 싶은 욕구가
강하며, 그러면서도 작은 일에도 염려와 두려움이 많은
그와 같은 소인배는 자신을 제대로 바라볼 수 있는
힘이 없기 때문이지.

지난번에 내가 팀원들의 순종을 이끌어 내는 데 전략적인 보상이 얼마나 중요한지 이야기하였는데 기억을 하는지 모르겠구나. 방금 이 조언도 일종의 전략적 보상이라 할 수 있지. 보상은 결국 '특정 행동을 강화시키는 것'이라고 할 수 있지 않겠니.

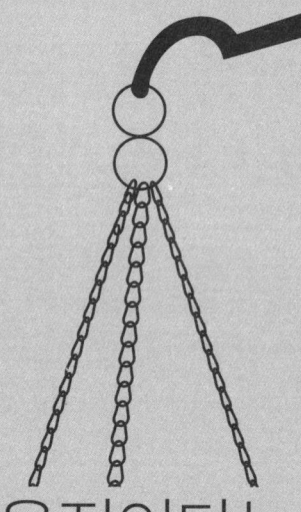

인간을 움직인다는 건
'원함'과 '좋아함'을

세 번째 편지

얼마나 전략적으로
다룰 수 있는가에
달려있지.

　　어떤 사람이 가지고 싶거나 하기를 원하는 것을 찾아 주기만 하면 되는 이 간단하고 쉬운 작업이 어리숙한 인간들에겐 꽤 어렵게 느껴지는 모양이다. 하지만 너라면 충분히 이 일을 잘 해낼 수 있을 거라 믿는다.
　　넌 그와 달리 늘 자신감이 있고 주도적이며 목표에 대한 집념이 있잖니.

팀원들이 제대로 역할을 하고 있는지를 챙기면서 동시에 네 윗사람의 기분을 살펴 가며 에너지를 써야 하는 것이 유쾌한 일은 아니라는 것을 잘 알고 있다. 때로는 네가 가지고 있는 능력에 비해 한참 부족한 사람들과 함께 일하고 있다는 것이 만족스럽지 않게 느껴지겠지. 하지만 생각해 보렴. 세상 사람 모두가 출중하고 능력이 좋은 사람들로만 채워져 있다면 사람들이 어떻게 행복을 느낄 수 있겠니? '내가 다른 사람과 비교할 때 현재 어느 위치에 있는가'하는 것은 사람들을 지금보다 발전시키고 성장시키는 훌륭한 동력이 된다. 행복은 바로 이런 자극과 도전에서 얻을 수 있는 선물 같은 거지. 따라서 '경쟁'이라는 방식은 지금까지 사회를 발전시켜 온 훌륭한 전략이라고 말할 수 있단다. 그리고

'능력 있는 사람' 옆에
'노력을 해야만 하는 사람'이
늘 함께 따르는 것이
사회 체제를
'조화'롭게
유지할 수 있는 비결이
아닐까?

딜레마의 편지

조화는 서로 다른 것이 공존하고 있을 때 어울리는
말이니까.

　　　　　네 상사와 팀원들 사이에서 네가 아주
현명하게 역할을 잘 해내리라 믿어 의심치 않는다.
네 상사가 너에게 의존할수록 팀원들의 너에 대한 신뢰
또한 더욱 두터워질 게야. 팀은 더욱 하나가 되어
네 의도대로 움직일 것이다. 결국 이로 인해 만들어진
모든 성과와 성취가 네게 돌아가게 될 거란다.
혹시나 너를 비판하거나 충고를 하는 동료가 있다면
가볍게 무시해 버려라. 그는 그저 네가 이루어 낸 성취를
탐하고 시샘하는 가짜 동료에 불과하니까.

그럼 오늘도 승리하렴.

　　　　　　　　　　　　너를 아끼는 Dilemma

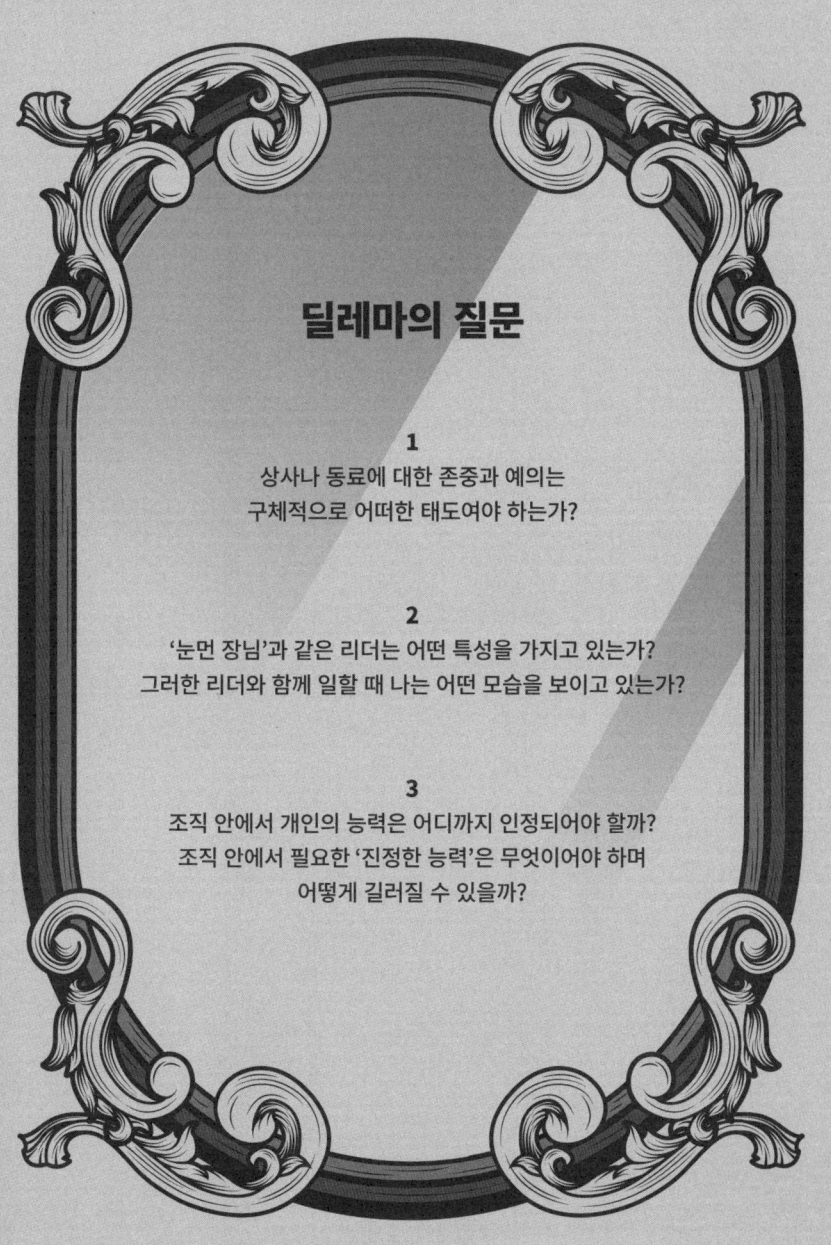

딜레마의 질문

1
상사나 동료에 대한 존중과 예의는
구체적으로 어떠한 태도여야 하는가?

2
'눈먼 장님'과 같은 리더는 어떤 특성을 가지고 있는가?
그러한 리더와 함께 일할 때 나는 어떤 모습을 보이고 있는가?

3
조직 안에서 개인의 능력은 어디까지 인정되어야 할까?
조직 안에서 필요한 '진정한 능력'은 무엇이어야 하며
어떻게 길러질 수 있을까?

딜레마의

네 번째

IV

V

편지

사랑하는 L에게

최근에 다른 부서의 팀원 한 사람 때문에 네가 상당히 골치를 썩고 있다는 소식 잘 들었다. 위계질서도 모르고 개념 없이 행동한다지? 직급도 낮은 녀석이 여기저기 돌아다니며 굳이 안 해도 되는 것을 괜히 들쑤셔서 일을 만들어 버리고, 제가 뭐라도 되는 것처럼 여러 사람들이 침묵하는 분위기 속에서 혼자만 질문하고, 네게 동의와 승인을 거치지도 않은 채 대뜸 찾아와 협조를 요청하는 등 아주 건방지고 되바라졌더구나.

게다가 녀석의 팀장은 도대체 무엇을 하는지, 녀석의 그런 행동을 주시하면서 방관만 하고 있더구나. 자녀를 보면 그 부모를 알듯이 팀원을 보면 그 리더를 알 수 있는 법이지. 쯧쯧…. 여하튼 너보다 새파랗게 어린놈이 주제넘게 마치 제가 전문가인 것처럼 으스대니 네 배알이 꼴리는 것도 당연하다고 생각한다.

네 번째 표지

시스템으로 돌아가야 하는 조직에서 어느 한 사람이 기존의 체계를 무시하고 멋대로 행동하려 한다면 반드시 바로잡아야 한다. 그게 리더십이 존재하는 이유지.

조직엔 **경계**가 존재한다.

사람이 각각 가지고 있는
역할과 책임을 구별하기 위해
수직적으로는 직급을 만들어 놓았고,
비즈니스 성과를 더 효과적으로 얻기
위해 수평적으로 각각의 부서를 통해
기능을 더 충실히 수행할 수 있도록
만들어 놓았다. 이러한 수직적 경계와
수평적 경계를 활용해 조직은 최적의
효율성과 생산성을 만들어 내는
것이지. 따라서 조직 안에 있는 개인은

모든 것이 완벽하게
우리는 **전체적인
책임소재를 분명히**

단지 그 경계에 따라 자신의 일을 정확하게 수행하면 된다. 절대 경계를 침범하거나 벗어나서는 안 된다. 물론 기존의 경계를 수정하려고 해서도 안 되지. 그렇게 되면 결국 모든 사람의 역할과 책임, 부서의 기능이 수정되어야 할 것이고 이러한 과정 자체가 일이 되어 버려 '진짜 해야 할 일'을 놓치게 될 것이기 때문이다.

따라서 자고로 리더라고 한다면 사람들이 직급을 뛰어넘거나 부서 고유의 기능 범주를 넘어선 행동을 하게 해서는 안된다.

제자리에 있을 때,
**흐름을 조망하며
가려낼 수 있지.**

네가 좀 더
'전략적'인 태도를
취한다면,
그가 스스로의
잘못을 깨치는 것

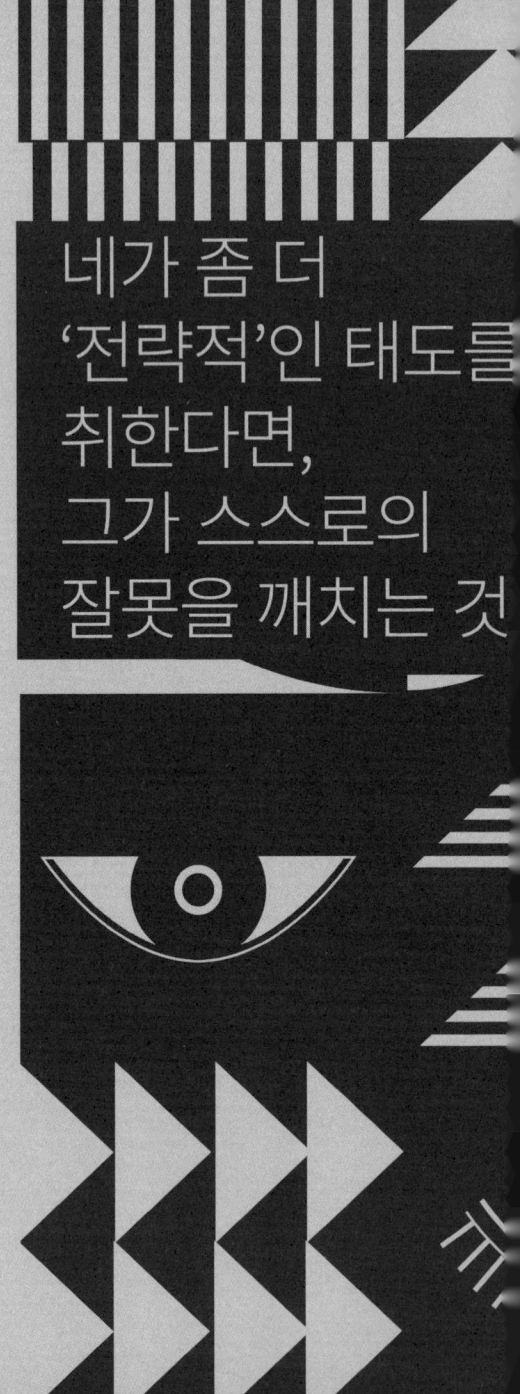

그렇다면, 만일 누군가 울타리를 넘다가 적발되었을 경우에는 어떻게 해야 할까? 그럴 땐 그가 다시는 그런 행동을 할 수 없도록, 아니 그의 시도 자체가 무모했다고 생각이 들 정도로 스스로 깨달을 수 있게 교훈을 주어야 한다. 그렇다고 그가 실수를 했다고 하여 다시는 그러지 말라고 협박을 하거나 으름장을 놓지는 말아라. 우리 모두는 교양 있는 지식인들이잖니? 굳이 언성을 높이지 않더라도 그가 본인의 행동을 후회하며 잘못을 뉘우칠 수 있도록 할 수 있는 방법은 얼마든지 있단다.

매번 선을 넘는 건방진 녀석의 행보에 브레이크를 걸기 위해 먼저 다양한 관점에서의 '검토(review)'가 필요하다고 주장해라. 조직의 시스템을 유지하는 수평적 경계는 실은 보이지 않게 연결되어 있지. 어느 한쪽의 경계가 허물어지면 다른 한쪽이 원하지 않는 희생을 해야만 하는 것이 이 시스템의 특징 중 하나다. 따라서 누군가 의도치 않게 이 수평적 경계를 넘으려고 한다면 이 경계를 둘러싼 주변 사람들에게 동의와 허락을 구해야 하는 것이 당연하겠지. 그게 '상식적'인 인간 세상의 예의 아니겠니. 정렬(align)이나 합의(consensus), 동의(agreement) 같은 단어를 빈번하게 활용해라. 이 단어들은 사람들의 머릿속에 아주 합리적이고 이성적인 이미지로 자리 잡고 있기에, 이와 같은 말을 내세워 검토가 필요하다고 주장하면 녀석은 마음대로 움직일 수 없게 될 것이다. 게다가 너는 아주 체계적이고 명확한 기준을 가지고 일을 하는 사람이라는 이미지로 자리매김할 수 있을 게다. 경계 바깥에서 평소 녀석의 행실에 불만이 있었던 사람들에게 너는 아주 합리적이고 지위에 맞는 능력을 갖춘 사람으로 비칠 것이다.

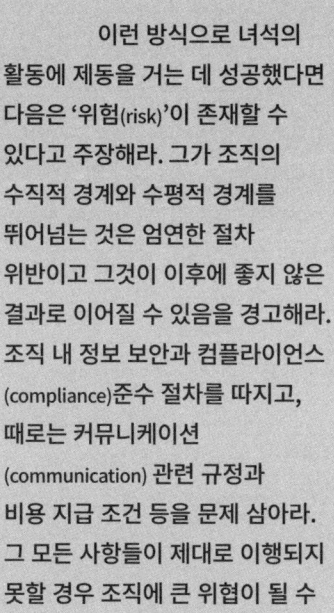

이런 방식으로 녀석의 활동에 제동을 거는 데 성공했다면 다음은 '위험(risk)'이 존재할 수 있다고 주장해라. 그가 조직의 수직적 경계와 수평적 경계를 뛰어넘는 것은 엄연한 절차 위반이고 그것이 이후에 좋지 않은 결과로 이어질 수 있음을 경고해라. 조직 내 정보 보안과 컴플라이언스(compliance)준수 절차를 따지고, 때로는 커뮤니케이션(communication) 관련 규정과 비용 지급 조건 등을 문제 삼아라. 그 모든 사항들이 제대로 이행되지 못할 경우 조직에 큰 위협이 될 수 있고 결국 우리 모두가 손해를 입을 수밖에 없음을 상기시켜라. 지금과 같이 비즈니스 환경이 좋지 않아 대부분의 조직이 마치 살얼음판을 걷듯 하는 요즘 같은 시기는 이런 주장을 펼치기 더없이 좋은 시기다. 녀석이 진행하고자 하는 일이 실패할 경우, 조직이 목표로 하는 성과 달성에 큰 타격을 줄 수 있음을 강조하고 위험 요소를 최대한 낮추기 위해 각 기능을 담당하고 있는 부서들과 빈틈없는 논의와 준비가 필요함을 역설하라.

네가 이렇게까지 경고했음에도 불구하고
녀석이 고집스럽게 본인의 주장을 굽히지 않는다면
불충분한 검토와 위험 요소들을 공개적으로 문제
삼아라. 조직의 인사팀이나 감사팀 혹은 컴플라이언스를
담당하고 있는 팀에 공식적으로 문제를 제기하여
조직 전체에 피해가 가는 것을 막아야 한다.
문제를 제기할 때는 반드시 주도 면밀해야 한다.
네가 주장하는 이야기를 뒷받침해 줄 여러 가지 자료들을
잘 모아 두어야 한다. 그와 주고받은 이메일과 메신저
내용들은 물론, 혹시 녀석과의 통화 내용을 녹음해 둔
것이 있다면 금상첨화. 물론 누가 들어도 너의
이야기를 믿을 수 있도록 네 자료는 충분히 사전에
손을 써 놔야겠지. 불필요한 말은 생략하고 녀석이
그동안 보여준 행실에 초점을 맞추면서 그것이 얼마나
미숙하고 어리석은 행동인지, 조직에 어떠한 위협을
가져다줄 수 있는지를 설명해라. 경험 많고 성숙한
어른으로서 너른 관점으로 담담하게 네가 가지고 있는

염려를 보여 주면 된다.
 이 일이 네 신경을 건들고 때로는 고단하여
중간에 그만두고 싶은 마음이 들 수도 있을 게다. 하지만
미꾸라지 같은 한 녀석으로 인해 조직 전체가 흙탕물로
오염되어서야 되겠니? 너의 희생이 조직 안의 다른
구성원들 모두를 살릴 수 있다고 생각하고 공익을 위해
약간의 에너지를 쓰거라. 네 헌신이 무너진 조직의
규율을 바로잡고 다시 시스템이 원활하게 작동될 수
있도록 할 것이다.
 만일 조직의 경계에 틈이 생기고 급기야
허물어진다면, 너의 지위와 지금까지 이루어 낸 성취
모두가 한꺼번에 무너져 내릴 것이다. 체계와 규율이
무너진 곳에서는 오직 혼란만 존재하고, 인간은
그 혼란을 틈타 그동안 꽁꽁 감춰 놨던 자신의 이기적인
욕구를 드러낼 것이 분명하다. 그동안 네게 순종했던
팀원들도 경계를 넘어 제멋대로 굴며 너의 지위에
도전하겠지.

**사람은 각자 분수에 맞게 살아야 하

능력 있는 사람은 그 능력
좀 부족한 사람은 그에

야

는 대우를 받아야 하고,
한 대우를 받아야 하지.

우리가 원하는 '공정성' 아니겠니?

딜레마 편지

여러 가지 어려움에도 불구하고 조직의 규율과
시스템을 잘 유지하려고 하는 네 노력에 난 언제나
박수를 보낸다. 네 노력이 없었다면 어리석은 몇몇
인간들은 벌써 녀석에게 홀려서 마치 자신들이
무엇이라도 된 것처럼 주제넘는 행동을 보였을거야.
녀석에 대해 미리 나에게 알려 주어 고맙다.
앞으로도 지금처럼 네 지위와 조직의 성과를 위협하고
제 분수도 모르고 날뛰는 행동을 하는 녀석이 보인다면
보는 즉시 연락하도록.

그럼 오늘도 승리하렴.

너를 아끼는 Dilemma

딜레마의 질문

1
조직 안에서 규정과 절차, 역할 구별이 명확할 때의
장단점은 무엇인가?

2
조직 안에서
그레이존(gray zone, 어느 영역에 속하는지 불분명한 부분)이 생겼다면
그것은 무엇 때문인가?
그레이존의 일은 어떻게, 무엇을 기준으로 해결되어야 하는가?

3
체계와 규율 그리고 자율과 책임은
어떻게 조화롭게 공존할 수 있을까?

딜레마의
다섯번째

편지

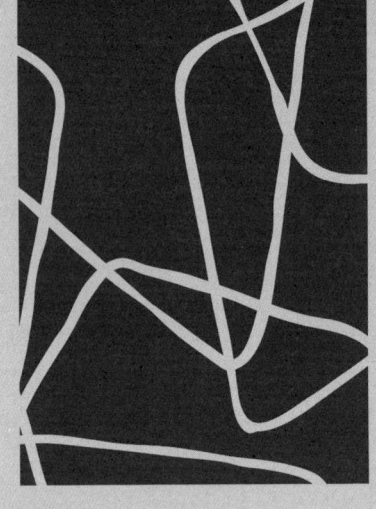

사랑하는 L에게

　　　　지난번 내가 일러준
조언이 유용했다니 잘 되었다.
이번 기회를 통해 버르장머리 없는
녀석에게 조직이 작동하는 규율과
윗 사람에게 보여야 할 예의를
제대로 알려 주었겠지. 덕분에 네가
다시 역할에 집중하고 우리의 관계도
전보다 더 돈독해진 것 같아 나 역시
참 기쁘구나. 나는 그 누구보다 네가
성공하길 바란단다. 네가 지금의
지위를 어떻게 차지하였더냐.
조직 안에서 그 모든 모략과 권모술
수를 이겨 내고 모자란 상사의
비위를 맞추어 가며 힘들게 지금의

다섯 번째 편지

자리까지 올라온 것이 아니냐. 게다가 옆에서 묵묵히 시간을 기다려 준 네 배우자와 이제 막 세상을 알아 가는 아이들을 떠올려 보거라. 네가 무너지면 너의 가족들에게 닥쳐올 고통과 어려움을 생각해 봐라. 그들의 눈물과 상처를 네가 감당할 수 있겠느냐? 네 가족들을 위해서라도 너는 지금의 자리를 뛰어넘어 반드시 성공을 손에 거머쥐어야 한다. 너의 소망을 달성해야 한다. 너의 꿈을 꼭 이루어 내야 한다.

내가 이야기하는 것이 단지 높은 지위와 연봉만을 의미하는 것은 아니다. 난 네가 어릴 적부터 지금까지 간직해 온 '꿈'을 이야기하고 있는 거란다.

인간은 시간이 지나
어른이 되면
더 이상 꿈을 꾸지 않는다.

    네 주변 사람들에게 '지금 당신의 꿈은 무엇입니까?'라고 물어봐라. 아마 대부분은 쉽게 대답을 하지 못할 게다. 어른이 되어서도 꿈을 간직하며 그 꿈을 현실로 만들기 위해 계속해서 노력하는 사람은 소수에 불과하지. 물론 지금 처해 있는 상황에 집중하며 일상을 살아가는 부류들도 나는 좋아한다. 그들이 본인의 분수도 모르고 쓸데없이 경계를 넘지만 않으면 말이야. 그런데 너처럼 보통 사람들보다 능력이 뛰어나고 성장에 대한 욕심이 있는 사람은 조금 다른 꿈을 꿀 필요가 있지. 지금보다 더 나은 '미래'라는 꿈 말이다.

　인간은 미래를 기대하면서도 두려워한다. 그것은 미래가 '미지'라는 속성을 가지고 있기 때문이지. 어느 누구도 단정 지어서 미래를 이렇다 저렇다 이야기할 수는 없으니까. 설령 어느 누가 대단한 전문가라 하더라도 그가 제시하는 미래가 반드시 도래할 것이라고 이야기할 수 없다. 그는 미래를 예언하는 자가 아니라 '예측'하는 자이기 때문이지.

예측은
늘 **위험을**
동반한다. 이 위험이
사람들에게
불안과
두려움을
주는 것이
아니겠니.

조직도 마찬가지다. 조직 안에서도 사람들은 예측이 안겨주는 위험성 때문에 늘 불안에 떨고 있지. 네가 해야 할 일은 불안에 떨고 있는 사람들을 구원하는 것이다.

다섯 번째 편지

　생각해 보거라.
경영의 목적은 이윤추구이고 전략은
이 목적을 극대화하기 위해 미래를
예측하는 것이며 의사결정은 미래에
다가올 일들을 예측하여 최적의
선택을 하는 것이다. 너도 알다시피
회사에서의 활동은 의사결정의
연속이잖니. 여러 대안 중 한 가지를
선택하고 나머지를 희생시키면서
앞으로 나아가야 하는 것이지.

　　　각각의 대안을 선택했을 때
어떤 일이 일어날지를 예측한다는
것은 분명 어렵고 복잡한 일이다.
게다가 여러 갈림길 중 하나를
선택하여 그 길이 옳았음을 증명하는
과정은 더욱 고단하고 부담스러운
일이지. 워낙 선택이란 활동이
어렵고 부담스러운 탓에 대부분의
사람들은 스스로 미래를 바라보길
포기하고 그걸 누군가가
대신해 주었으면 하는 것 아니겠니.

무릇 인간이란 본인
편안한 쪽으로 몸을 누

장 **안전감을 느끼고**
| 되어 있으니 말이다.

사실 '선택'은 소수의 사람들에게만 허용된 특권이다. 오직 특별한 몇몇 사람들에게만 예외적으로 허락되는 권리란 말이다. 그래서 조직은 리더란 자리를 만들어 놓고 그 자리에 어울릴 만한 사람을 앉히려 특별한 노력을 기울이는 것이지. 아니 실은 특별한 노력을 기울일 필요도 없다. 앞에서 이야기한 대로 대부분의 사람은 선택할 수 있는 권리를 알아서 포기하고 그저 편안한 쪽을 향해 의존하게 되어 있기 때문이지. 생각해 보면 그 또한 그들의 선택이니 우리는 그들의 선택을 존중해야 마땅하다. 괜히 그들을 스스로 사유하고 고민하게 만들지 말거라. 굳이 그들이 지금까지 가져 보지 못한 새로운 질문을 갖게 할 필요도 없다. 미래를 예측하여 선택할 수 있는 권리를 리더에게 양도한 그들의 선택을 존중해라. 그저 그들은 네 선택에 충실하게 따르기만 하면 된다. 이것이 그들이 불필요하게 가져야 할 불안과 두려움에서 해방시키는 길이다. 그렇다고 네가 그 모든 불안과 두려움을 짊어져야 한다는 뜻으로 오해하진 말거라. 결국 넌 충분히 자유로워질 테니까. 나도 너만큼이나 네가 어려운 상황에 처하길 원하지 않는다.

먼저, 조직 안에 다양한 의결 기구를 만들고 이를 통해 결정을 진행해라. 절대 스스로

다섯 번째 편지

결정을 내리지 말아라.
중대한 결정일수록 선택의 특권을
가지고 있는 똑똑한 몇몇 사람들이
모여 있는 그룹을 통해 심도 있는
논의를 거쳐야 한다. 조직의 수평적
경계 탓에 부득이 너 역시 현상을
입체적으로 바라보기가 어려울
것이다. 이건 너의 부족함이 아니다.
조직이 그만큼 크고 빠르게 성장한
탓이지. 현상을 다각적으로
이해하고 더 정확하게 분석하려면
다양한 부서에서 전문성을 가지고
있는 사람들이 모여 충분한 대화를
나누는 것이 당연하지. 훌륭한
전략은 최대한 오차 없는 분석과
촘촘한 계획에서 나오는 법.
병원에서도 때로는 어려운 수술을
앞두고 외과, 정신과, 마취과 등
다양한 전문분야의 의사들이
한자리에 모여 충분한 논의를
거쳐 수술을 진행한다지? 환자의
목숨을 살리는 중한 일을 위해서는
예상할 수 있는 시나리오를
살펴보고 그에 맞는 대응을 충분히
준비하는 시간을 가져야 하는 것이
당연하겠지. 너 역시 네가 일하는
회사의 고객과 함께 일하는 직원들의
목숨을 살린다고 생각하고,
절대 너 혼자 결정하지 말고
이해관계의 사람들과 충분한
논의를 거쳐 그들과 함께 공동으로
결론을 내리기 바란다. 이때에는
잊지 말고 의사결정 과정에 참여한
사람들의 서명을 필히 받아 놓아야
한다. 그래야 혹시나 모를 뒤탈이
없으니까 말이야.

그럼 만일 결정해야 할 사안이 그리 민감하지 않아 너희 팀 자체적으로 결정해도 문제가 없는 사항에 대해서는 어떡할 것이냐? 너는 분명 굳이 팀원들에게 의견을 물어볼 필요 없이 너의 본능을 좇아 스스로 결정하려고 할 것이다. 물론 그것도 나쁘진 않다. 그런 너의 결단력과 추진력으로 팀원들이 너의 지시에 더 순종하게 만들 수도 있겠지. 운이 좋으면 네 상사의 관심을 더 얻을 수도 있을 것이다. 그런데 그런 행동은

왜(why)라는 질문보다
무엇(what)이라는
질문만을 던지고

하나만 알고 둘은 모르는 행동이다. 이전에 내가 네게
충성심이 높은 직원을 분별하고 이들과 연대를 이루면
너의 조직 장악력이 더 견고해질 수 있다고 일러주었던
것을 기억하느냐? 결정의 과정에 이 조언을 기억하는
것이 좋을 것이다. 팀 안에서 네가 믿을 수 있는 소수의
몇몇 사람들만 결정의 과정에 참여시켜라. 그들에게만
선택적으로 정보를 제공하고 그들의 의견을 물어보아라.
그렇다고 그들에게 어려운 질문을 던질 필요는 없다.

그들의 답변에 굳이 의문을 제기하지 말아라.

중요한 건 그들의 의견이 아니라 그들에게
네가 그들을 신뢰하고 있다는 이미지를 전달해 주는
것이니까. 이러한 의도가 충분히 전달되었다면 그들은
앞으로도 '너의 사람'으로서 네가 제시하는 규율과 원칙을
더 철저히 따를 것이다. 네가 더 강력하게 조직을 통제하고
힘을 발휘할 수 있도록 그들이 분위기를 만들어 줄 게야.

패러다임의 편지

미래를 예측하고 선택하는 과정은 우리를 곤혹스럽게 만들지만, 잘만 활용하면 오히려 우리에게 더 큰 자유를 허락한다. 스스로 사유하고 선택하는 것에 부담을 느끼는 사람들의 불안과 염려를 해소해 주어야 하고, 선택의 권리를 가지고 있는 사람들에게는 부담 없이 그 책임을 다할 수 있도록 견고한 프로세스와 시스템을 뒷받침해 주어야 하지.

사유와 선택을 포기하는
타율성에 대한 인정
그리고
다각도로 살펴보는
치밀한 분석과 전략이

다섯 번째 편지

그들이 각각
가지고 있는
**두려움을
해소**시키며
해방감을
맛보게 해 줄 거야.

결국 따져 보면 우리는 양쪽 모두에게 자유를 주고 있는 셈이지.

　　　조직 안의 개인은 자신의 무능력이 드러날 때까지 승진한다지? 자신의 지위를 이용해 너의 선택에 맞서는 이가 있다면 지금이 곧 그가 가질 수 있는 최종 직위가 될 것이다. 아마 그는 자신의 무능력을 인정하지 않겠지. 너의 날카로움과 명민함이 그의 무능력을 입증하는 무기가 될 것이다. 틈날 때마다 내 편지를 꺼내어 읽어 보거라. 내 조언을 깊이 받아들인다면 넌 한계에 도달하지 않고 끝까지 올라가게 될 게야.

그럼 오늘도 승리하렴.

너를 아끼는 Dilemma

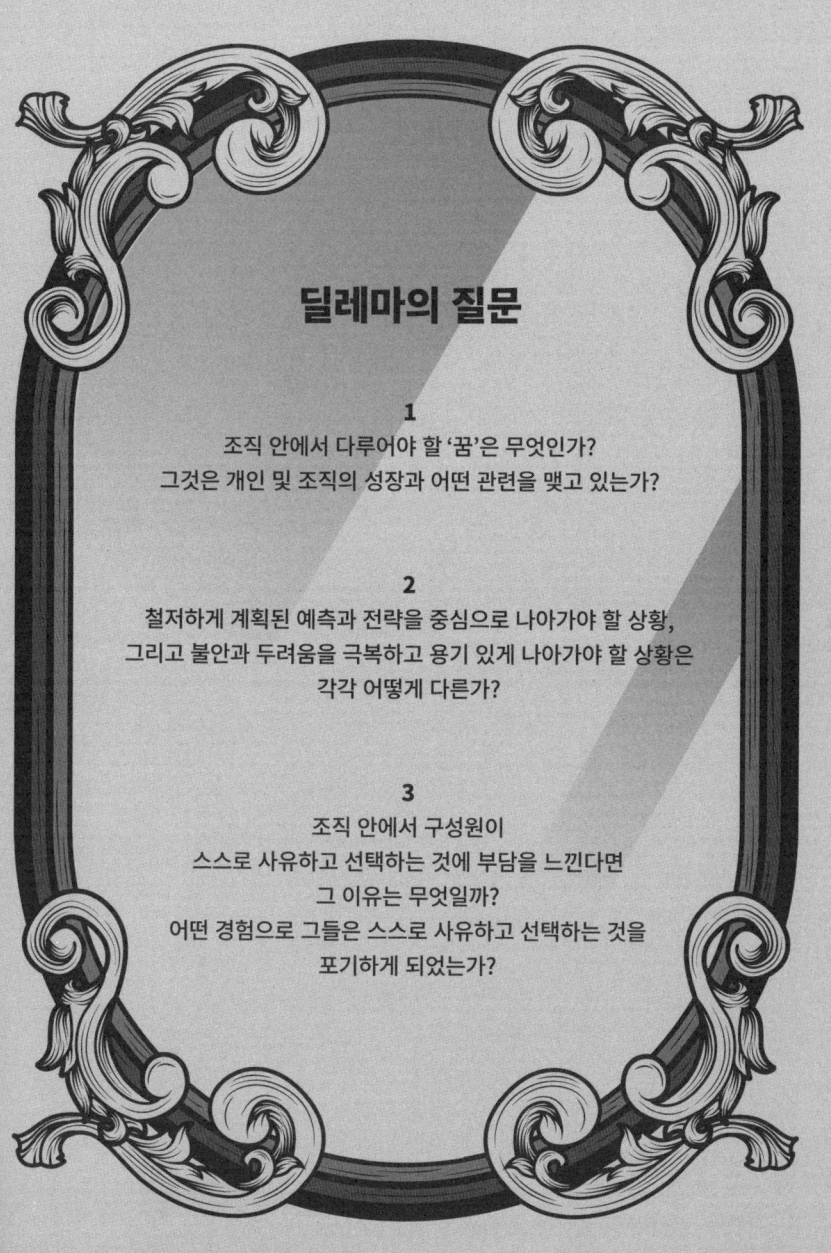

딜레마의 질문

1
조직 안에서 다루어야 할 '꿈'은 무엇인가?
그것은 개인 및 조직의 성장과 어떤 관련을 맺고 있는가?

2
철저하게 계획된 예측과 전략을 중심으로 나아가야 할 상황,
그리고 불안과 두려움을 극복하고 용기 있게 나아가야 할 상황은
각각 어떻게 다른가?

3
조직 안에서 구성원이
스스로 사유하고 선택하는 것에 부담을 느낀다면
그 이유는 무엇일까?
어떤 경험으로 그들은 스스로 사유하고 선택하는 것을
포기하게 되었는가?

딜레마의

여섯번째 V

편지

사랑하는 L에게

회사의 동료가 코로나 확진 판정을 받아 모든 직원이 갑작스럽게 재택근무를 하게 되었다는 소식 잘 받아 보았다. 검사결과 넌 음성이 나왔다고 하니 다행이구나. 부주의한 녀석 하나 때문에 이렇게 모든 사람들이 피해를 받아서야… 쯧. 게다가 네가 자신감을 가지고 준비하던 최근의 여러 계획들이 이제 막 속도가 붙기 시작했는데 이런 예상치 못한 난관을 만나다니, 나 역시 몹시나 당황스럽구나.

전 세계적으로 팬데믹 상황이 2년 가까이 이어지며 인간들의 삶의 모습이 급속도로 바뀌었지. 나도 이 정도로 코로나가 전 세계를 흔들어 놓을지는 미처 몰랐다. 누군가는 이런 상황에 대한 책임을 우리에게 묻기도 한다. 전염병이 삽시간에 퍼지도록 인간들을 미혹한 것이 우리가 아니냐는 거지. 말도 안되는 소리….

여섯 번째 편지

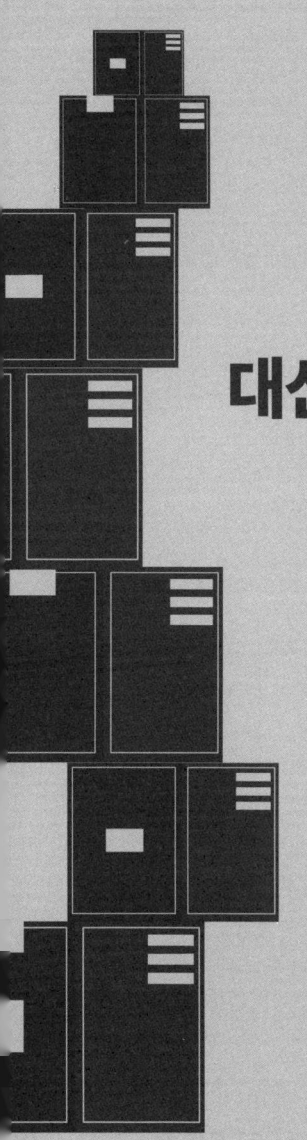

어리석고
무능한 인간은
**자신들의 잘못을
대신하여 짊어지고 갈
누군가를 찾는 데**
탁월한 소질이
있는 것 같다.

급기야 자신들이 만들어 낸 이야기를 진실이라고 믿으며 맹목적으로 좇는다. 이 때문에 우리가 굳이 힘을 쓰지 않아도 인간들은 서로가 서로에게 손가락질하고 총을 겨누며 스스로 더 깊은 늪에 빠지고 말지.

우리는 그저 인간들에게 선택할 수 있는 기회만 제공할 뿐이지. 그들의 기호와 욕망에 따라 선택할 수 있는 자유를 우리가 주고 있단 말이다. 인간들을 괴롭게 하고 고통스럽게 만드는 것은 대부분의 경우 그들 스스로 만들어 낸다. 이번 팬데믹 상황만 해도 그렇다. 중국에서 처음으로 코로나를 발견하고 감염 확산을 우려한 의사가 위험 상황을 전 세계에 알리려고

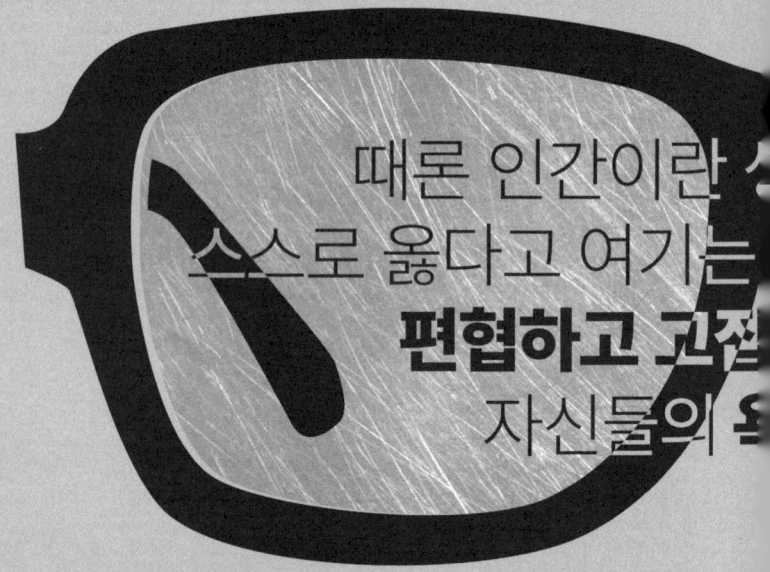

때론 인간이란
스스로 옳다고 여기는
편협하고 고집
자신들의

각자가 가지고 있는 욕망과 편협된 시각이 결국 인간을 더 큰 무질서로 이끈다. 따라서 사람에게 쉽게 선택의 권리를 제공해서는 곤란하다.

하지 않았느냐. 하지만 이러한 행동을 막고 진실을 감추어 결국 지금의 상황이 되도록 하게 만든 것은 또 다른 인간들의 선택이었다. 민심이 불안해질 수 있다는 그들의 두려움이 지금의 결과를 낳는 선택을 하도록 이끌었지. 그 이후 사태가 이렇게까지 심각해지는 것은 나뿐만 아니라 나와 함께 일하는 동료들조차 생각하지 못한 것이었다.

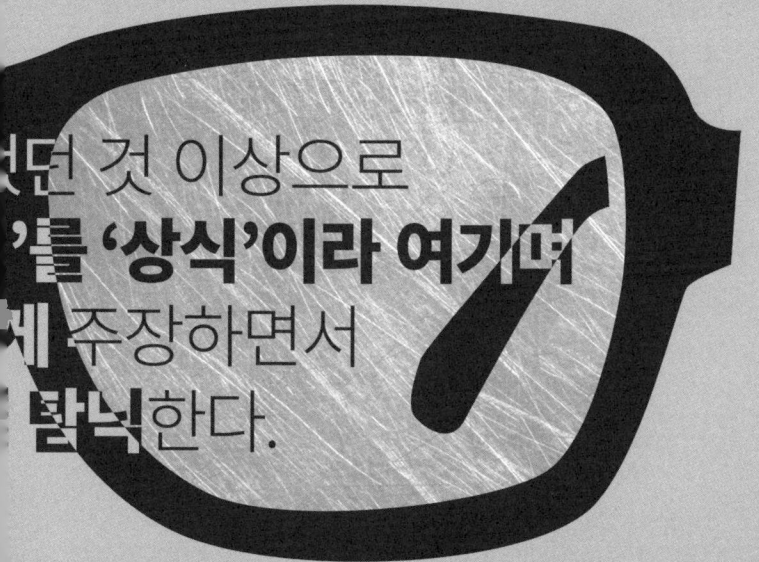

특히나 요즘처럼 변화의 속도가 빠른 시대에 누구나 선택하고 결정할 수 있는 권리를 가지고 있다면 세상은 더욱 무질서해질 게 뻔하지.

참, 코로나 확진자 때문에 재택근무를 하게 되어 팀원들을 어떻게 관리해야 할지 고민이라고 털어놓은 네게 도움이 되는 말을 해 주어야겠다고 편지를 집어 들었는데 너무 쓸데없는 말만 늘어놓은 것 같구나. 눈앞에서 팀원들이 무엇을 하고 있는지를 감시할 수가 없으니 안 그래도 팀원들에게 애정이 많은 네 녀석의 속이 참 답답하겠다. 게다가 그때그때 필요한 말을 즉각적으로 해줄 수도 없으니 일이 진행되는 속도도 전보다 훨씬 더디어지겠지. 하지만 걱정 말아라. 이럴 때 일수록 너의 리더십과 관리 능력이 더 돋보이도록 할 수 있는 방법들이 있으니 말이다.

여섯 번째 보기

먼저, 너희 팀원 모두가 들어와 있는 단체 채팅방을 만들어라. 매일 아침에 특정한 시간을 정해 놓고 이 채팅방을 통해 출근 보고를 받아라. 매일 정해진 시간 안에 채팅방에 출근 보고가 올라왔는지를 확인하고 이후에 사내 메신저가 로그인 상태가 되어 있는지 한 번 더 확인하는 과정을 거치는 것이 좋다. 조직생활의 기본은 '근태'다. 가능하다면 엑셀 시트에 각 팀원들의 채팅방 출근 보고 시간과 사내 메신저 로그인 상태를 매일매일 개별적으로 기록하여 추이를 확인해 보는 것이 좋다.

특별한 보고 없이 중간중간 사내 메신저의 색깔이 노란색이나 빨간색으로 바뀌는 팀원이 있다면 직접 전화를 걸어 현재 근무 상황을 파악해 보는 것도 필요하다. 네 상사나 옆 부서의 동료가 너희 팀이 제대로 일을 하고 있는지를 판단하는 첫 번째 잣대가 근태일 확률이 높기 때문이지. 또 응당 같은 팀에서 일하고 있는 팀원이라면 행여나 어디가 아픈 것이 아닌지 신상에 무슨 문제가 있는 것은 아닌지 살펴 주어야 하지 않겠니? 네가 기록해 놓은 팀원들의 근태 리포트가 네가 충분히 팀을 통제하고 있다는 증거가 되어 줄 것이다.

온라인으로 화상 회의를 할 때,
반드시 비디오를 켜고 팀원들이 근무 복장을 제대로
갖추고 있는지를 파악해라. '건강한 육체에 건강한
정신이 깃든다'는 말은 옛말이다. '건강한 복장에
건강한 정신이 깃드는 법'이지. 사람이 어떤 정신을
가지고 있는지 살펴보려면 그가 입고 있는 복장을 보면
알 수 있다. 아무리 집에서 일을 하고 있다 하더라도
잠옷 바람이나 늘어진 티셔츠에 반바지를 입고 있다면
그가 진정으로 프로의식을 가지고 조직의 일을
담당하는 사람이라 보기 어렵지. 사람의 진정성은
장소와 상황을 불문하고 어디에서나 동일하고 일관성
있는 태도를 보일 때 드러나는 법 아니겠니. 만일 누군가가
근무시간에 어울리지 않는 옷을 입고 있다면 단호하게
옷을 갈아입도록 지시하여 팀 전체가 느슨해지지 않고
창조적인 긴장감을 가질 수 있게 만들어야 한다.

요소 단체 묘지

점심시간은 사무실에서 일할 때와 마찬가지로 정확하게 시간을 지켜야 한다. 간혹 약속이 있다며 10분 먼저 자리에서 일어나거나 10분 늦게 자리에 돌아오는 직원들이 있는데 이러한 것을 허용해 주면 다음은 15분, 그다음은 20분…. 점점 직원들의 마음은 해이해질 것이다. 근로기준법상에도 근로시간이 8시간일 경우 휴게 시간은 1시간이라고 나와 있지. 조직 차원에서 위험을 막는 것은 먼저 가장 기본적인 법적 기준을 잘 지키는 것이겠지. 요즘에는 회식도 온라인으로 많이들 하던데…. 일명 '비대면 랜선 회식'이라고 하던가? 너도 이 기회에 팀원들과 함께 온라인에서 만나 함께 식사를 하며 이야기를 나누어 보는 시간을 가져 보는 건 어떻겠니? 아예 일과 후 저녁 시간을 이용해 랜선 회식을 하는 것도 방법이겠다. 팀원들의 느슨해진 마음에 긴장을 주기 위해 회식은 꽤 괜찮은 수단이 될 수 있지. 팀워크를 강조하며 은근히 너의 욕망을 팀원들에게 주입시킬 수 있거든. 회식 시간 이후 그들이 이전 보다 더 큰 의무감을 가지게 되었다면 그 회식은 꽤 성공적인 자리였다고 말할 수 있지.

네가 이야기하는 원칙을
**그들이 상식으로
받아들일 수 있도록,**
그래서 그들이
어느 시간에 어디에 있든지
**그 상식 선에서
행동할 수 있도록 하는 것이
리더십이다.**

그리고, 퇴근 시에는 그날그날 한 일을
별도의 양식에 작성하여 보고하게 하고 이를 성실히
작성하여 제출한 이들만 퇴근을 허락해라. '일일업무보고'
라는 양식을 만들어 팀원들과 공유하여 그날그날 진행한
일의 내용과 진척도를 자세히 기록하게 해야 한다.
만일 양식을 성실하게 작성하지 못한 팀원이 있다면
그날 어떻게 시간을 보냈는지 채근하고, 다른 팀원들에게
물어 그와 오늘 하루 어떤 대화가 있었는지도 확인해
보아라. 팀원들에 네게 제출한 일일업무보고를 확인할 때
기억해 두어야 할 것이 있다. 일의 소재와 내용이 며칠이
지나도 크게 바뀌지 않는 직원이 있다면 그가 제대로
업무에 집중하고 있는지 의심해 볼 필요가 있지.
직원들 중에는 아주 간교하게도 이전에 작성해 놓았던
내용을 그대로 붙여넣기한 후에 몇몇 숫자나 제목만
바꾸어 놓는 경우도 있거든. 혹시나 직원들이 그대로
컨트롤 씨(ctrl+c) 컨트롤 브이(ctrl+v)를 하지는 않았는지,
주의 깊게 살펴보고 의심이 가는 내용이 있거들랑
해당 직원을 추궁하여 그에 대한 책임을 물어야 한다.

'메타 리더십(Meta Leadership)'이라고
들어본 적 있니? 미국의 한 유명한 박사가 지금과 같은
코로나 시대에 요구되는 리더십을 메타 리더십이라고
주장하더구나. 이제 리더는 위기에 대응하는
'위기 관리자(Crisis Manager)'가 아니라 위기 이후를
내다보고 폭넓게 대처할 수 있는 '위기 리더(Crisis Leader)'가
되어야 한다는 거지. 이전보다 좀 더 넓은 관점으로
문제를 이해하고 문제해결방법 역시 더 폭넓게
제시할 수 있어야 한다는 얘기다. 이제 더 이상
팀원들에게 업무를 지시하고 정해진 기한 안에
그들로부터 네가 원하는 결과물을 받아 내는 것에
만족해서는 안 된다. 팀원들의 행동과 심리를
더 주도면밀하게 읽고 사전에 그들이 스스로 규율을
지키고 경계 안에서 역할을 하도록 해야 하지.
지금처럼 서로 다른 곳, 다른 시간에 일할 수밖에 없게 된
환경에서는 더더욱 네게 이런 역할이 요구된다.
네가 이전보다 더욱 '폭넓게' 조직을 관리하고 사전에
문제를 예방할 수 있는 훌륭한 '메타 리더십'을 갖출 수
있길, 나는 늘 응원한단다.

그럼 오늘도 승리하렴.

너를 아끼는 Dilemma

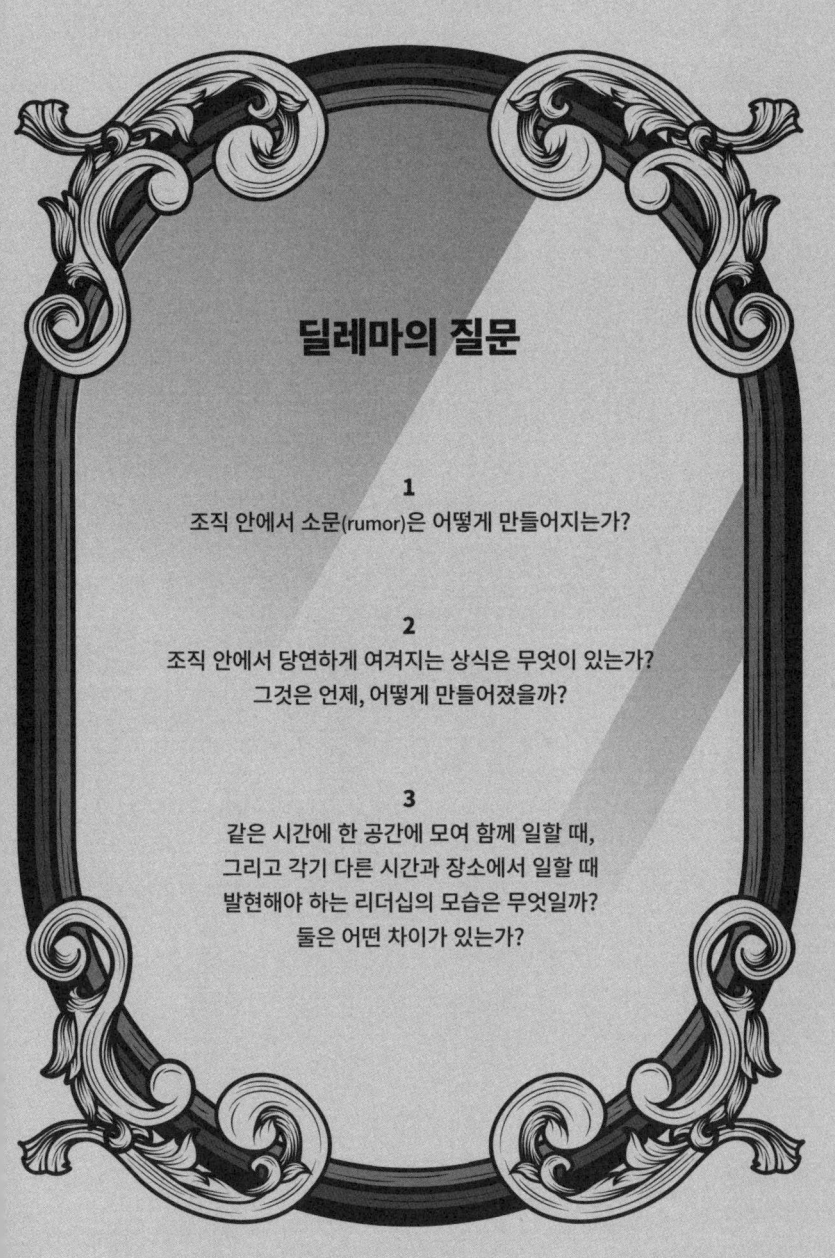

딜레마의 질문

1
조직 안에서 소문(rumor)은 어떻게 만들어지는가?

2
조직 안에서 당연하게 여겨지는 상식은 무엇이 있는가?
그것은 언제, 어떻게 만들어졌을까?

3
같은 시간에 한 공간에 모여 함께 일할 때,
그리고 각기 다른 시간과 장소에서 일할 때
발현해야 하는 리더십의 모습은 무엇일까?
둘은 어떤 차이가 있는가?

딜레마의

일곱번째 V

편

편

지

지

사랑하는 L에게

그래. 지방에서 근무하는 직원들의 사기를
독려하기 위해 곧 출장을 간다고? 잘 생각했구나.
여러 가지로 힘든 여건 속에서 고생하고 있는 팀원들을
직접 챙기는 모습이 보기 좋다. 대부분의 리더들이
코로나로 거리두기에 신경 쓴답시고 바쁜 직원들을
화상 회의로 불러내서 몇 마디 주고받지도 않은 채
소통을 끝내고 말지. 그것도 거의 일방적인 잔소리나
쓸데없는 참견이겠지만 말이야. 그들 중 대부분은
그런 방식이 나름 직원들과의 합리적인 소통 방식이라고
생각하는 것 같더구나. 제 아무리 그래도 사람들끼리
직접 얼굴을 보는 것만큼 효과적인 소통 방식이 있을까?
특히나 지방에서 근무하고 있는 직원들은 본사에 대해
늘 아쉬운 마음을 가지고 있지. 직원들이 환영할 만한
모든 제도와 프로그램, 복지가 본사 중심으로 운영되니
지방에 있는 자기들은 늘 소외되어 있다고 느낀단
말이다. 이러한 느낌은 단순한 섭섭함으로 그치지 않지.

> 인간이
> **한번 가지게 된 감정**은
> 시간이 지나면
> **강력한 믿음**이 되고
> 결국 **현실**이 되고 말거든.

따라서 네가 지금 시점에 지방에서 근무하는 직원들을 직접 만나 그들의 마음을 만져 주는 것은 참으로 시기적절한 일이다. 네가 그들의 감정을 만질 수 있다면 네가 곧 그들의 믿음이 되고 현실이 될 수 있을 테니까.

출장지의 사무실에 도착하면 네가 확인해 봐야 할 것들을 일러줄 테니 잘 기억해 두거라. 먼저 그들이 현재 '영 아닌' 근무 환경에서 일하고 있다는 것에 충분히 공감해 주어라. 바리스타가 직접 내려 주는 커피를 마시는 본사 직원들과는 달리 편의점 캔커피를 마시고 있는 직원들의 마음을 만져 주어라. 본사에 비해 반의반 크기도 되지 않는 냉장고나 오래된 정수기, 느려 터진 네트워크 환경 등 어떤 것도 좋다. 작은 트집이라도 잡을 만한 것이 있으면 모조리 찾아내고 이런 환경에서 일하고 있는 직원들을 제대로 챙기지 않는 '회사'에게 책임을 던져라. 회사에 책임을 묻는 일에 괜히 어려워 할 필요 없다.

정체가 불분명하니 말이다.

사람들은 종종 자신이 궁지에 몰려 빠져나가야 할 구멍을 찾을 때 회사를 탓한다. 회사가 지금껏 이렇게 해 왔다고, 회사가 결정한 사항이라고, 회사의 지시에 따른 것이라며 자신의 순결을 주장한다. 그런데 생각해 보거라. 도대체 그들이 말하는 회사가 누구란 말이냐? 사장일까? 주주일까? 아니면 그들이 모시고 있는 상사일까? 회사나 조직이라는 말은 개인이 자신의 책임을 가리고 숨기에 딱 좋은 일종의 프로토콜(protocol)이지. 그러니 안심해라. 네가 그들의 불편한 근무환경에 대한 책임을 회사에 돌릴수록 오히려 그들은 자신들의 입장을 이해해 주어 고마워할 테니까.

꼰대의 편지

평소 물리적인 거리로 인해 자주 얼굴을 보지 못한 직원들과 빠른 시간에 친해지기 위해서는 출신학교나 지역만 한 주제도 없지. 팀원들의 출신 고등학교나 대학, 고향을 물어보고 빠르게 네 주변 지인들과의 교차점을 찾아라. 너의 가까운 지인이 그들과 엮여 있을수록 쉽게 대화의 물꼬를 틀 수 있을 게다. 만일 겹치는 지인이 생각나지 않는다면 그들의 예전 동아리 활동이나 연애사를 따져 물어보는 것도 괜찮은 방법이다. 옛 시절의 향수와 현재까지 영향을 미치는 개인의 취향이라는 이야기 소재들은 대화를 나누는 상대방에 대한 마음을 누그러뜨리는 법이지. 참, 군대 이야기도 빠뜨릴 수 없다. 누군가 군대에서 축구를 했던 이야기를 한다고 해도 정중하게 귀담아 들어주거라. 당시 좋아했던 연예인이나 드라마 이야기로 길게 대화를 이끌 수 있다면 더욱 훌륭하다. 지나간 이야기에는 힘이 있다.

사람은 이야기를 통해
자신의 정체성을 확인하고
타인과 유대감을
느낄 수 있기 때문이지.

너의 팀원들로부터 어린시절 추억이 담겨 있는 고향에 대한 기억이나 청춘을 바친 학교에서의 경험, 그 안에서 만났던 사람들에 대한 이야기를 끄집어내도록 해라. 그 이야기에 너를 집어넣어 운명처럼 그들의 역사에 너도 함께하고 있었음을 깨닫게 만들어라. 이쯤 되면 너는 그들에게 '팀장님'이 아닌 '형님'이 되어 있을 것이다.

그들과 충분한 공감과 교감을 나누었으면 그들이 필요로 하는 사항을 듣고 요구 사항을 반드시 들어주겠다는 약속을 해라. 또 한 치 앞 밖에 보지 못하는 네 녀석은 또 내게 이렇게 되묻겠지. '약속을 했다가 요구 사항을 들어주지 못하면 어떻게 하느냐'고. '그러다가 오히려 팀원들에게 불신을 얻게 되는 것 아니냐'고. 만일 이런 질문이 네 머릿속에 떠올랐다면 반성하거라. 아직 네 녀석이 두세 수 앞을 볼 실력이 되지 않는다는 거니까. 네 녀석이 팀원들의 요구 사항을 모두 다 들어주고 싶어 발버둥을 친다 한들 어차피 너는 그 모든 걸 이루어 줄 순 없을 게다. 왜냐하면 조직의 시스템이 그렇게 내버려 두지 않을 테니 말이다.

먼저 너는 지방에 근무하는 팀원들의 근무환경을 개선하기 위해 네 상사를 만나 설득할 수 있는 시간이 별로 없을 거야. 네 상사란 놈은 하루 종일 수많은 회의와 미팅에 시달리고 있지. 상위에 있는 리더일수록 자신에게 허락된 특권이 많은 법이지. 그에게 많은 것을 결정할 수 있는 힘을 주었으니 그는 부득이하게, 시간을 따져 여기저기 회의실에 자리할 수밖에 없다. 수많은 주요 전략과 정책이 그의 동의가 없으면 진행될 수 없을 테니 말이다. 결재란에 담당자부터 시작해 아무리 많은 사람이 서명으로

동의를 표시했다 한들 최상위 리더의
동의를 받지 못하면 그게 무슨
소용이 있겠나. 안 그래도 해결해야
하는 것이 산더미인데 지방의
그 작은 사무실의 요구 사항이
그에게 우선순위로 보일 리도
없을 게야. 설령 어찌어찌하여 그가
네가 올린 보고서를 보게 되었다
치자구. 매일의 스케줄을 회의로
시작해 회의로 끝나는 그가
네 보고서의 내용으로 전체적인
배경과 맥락을 파악하기는 쉽지가
않겠지. 그가 내용을 검토하고
결정하기까지 소요되는 시간,
그의 결정 이후 결정 사항이
네게 전달되기까지의 시간,
그리고 실제 요구 사항이 실행되고
예산이 집행되기까지의 시간….

이 모든 시간들을 다 합하면 이미
너희 회사가 다음 조직개편을
고민하게 되는 시기가 될 것이
분명하다. 너도 알다시피 너희
회사는 못해도 서너 달에 한 번은
조직을 휘저어 놓잖니.
게다가 사장조차 오너가 아니어서
매번 조직개편 때마다 그가
불안해 하고 있다는 것을 모르는
사람은 아마 이 회사에 없을 게야.
그런 그가 어떻게 지방의 작은
사무실 하나에 마음을 쓸 수 있을까.
이런 여러 가지 정황을 비추어
봤을 때 네가 팀원들을 아끼는
마음으로 그들의 사정을 회사에
알린다 한들 제대로 해결이 될 리
만무하다. 따라서 네게는 오히려
잘 된 일이지.

네가 마음 놓고
어떠한 약속을 해도
결국 그것은
**'회사 잘못'이
될 테니 말이다.**

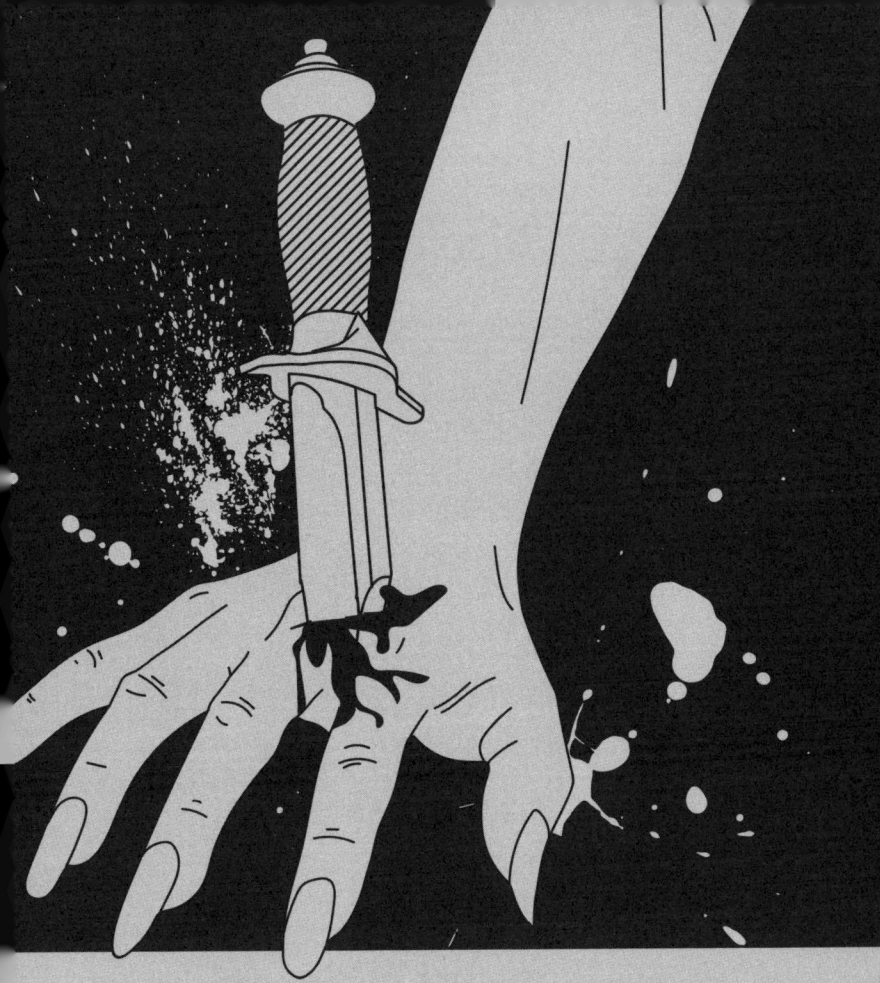

안 그래도 얼마 전까지 재택근무를 한다고 팀원들의 동기부여에 고민이 많았을 텐데, 다시 사무실로 복귀하자마자 지방에 있는 직원들까지 신경 쓰느라 고생이 많구나. 그것도 일반석 기차를 타고 내려가야 할 테니 말이야. 이렇게 고생하는데 잠자리라도 편하면 좋을 텐데. 아직 너희 회사는 팀장까지도 하루 10만 원 이하의 비즈니스 호텔만 이용이 가능하다니…. 쯧쯧. 이 역시 회사가 부족한 탓 아니겠니. 누구에게나 같은 권리를 허용하면 규율이 제대로 유지되기가 어렵다.

딜레마의 편지

자고로 **조직 생활**이란 점점 내게 주어지는 **권리를 누리면서** 거기서 오는 **참된 자유의 맛**을 느껴 보는 것이지.

네게도 조만간 더 큰 자유를 누릴 수 있는 기회가 올 것이다.
비즈니스석에 앉아 있는 너를 바라보는 이코노미석 직원들의 부러움 섞인
시선을 상상해 보거라. 기사가 딸린 멋진 수입 세단을 타고 5성급 호텔에
투숙하며 자유롭게 녹색 필드를 누비는 네 모습을 상상해 보아라.
너는 그 모든 것을 누릴 자격이 충분하다.

그럼 오늘도 승리하렴.

너를 아끼는 Dilemma

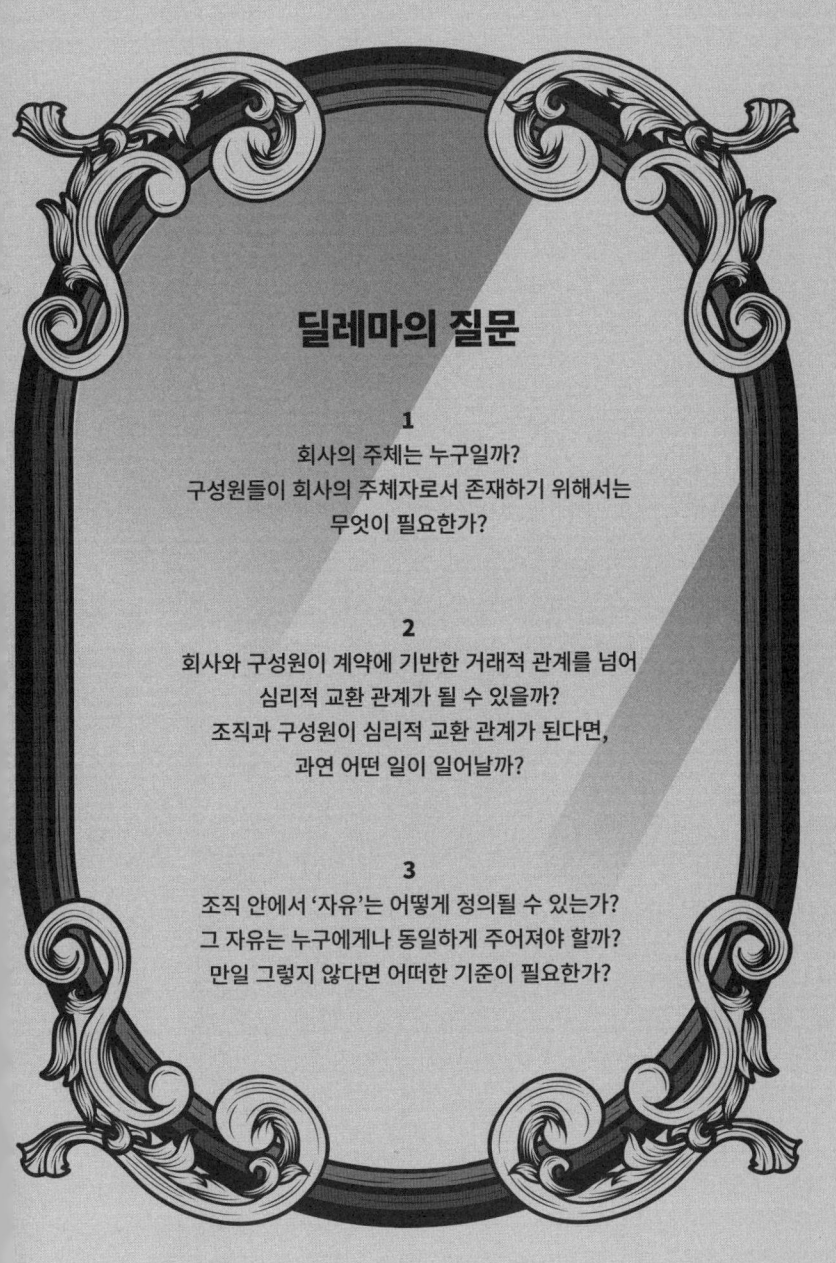

딜레마의 질문

1
회사의 주체는 누구일까?
구성원들이 회사의 주체자로서 존재하기 위해서는
무엇이 필요한가?

2
회사와 구성원이 계약에 기반한 거래적 관계를 넘어
심리적 교환 관계가 될 수 있을까?
조직과 구성원이 심리적 교환 관계가 된다면,
과연 어떤 일이 일어날까?

3
조직 안에서 '자유'는 어떻게 정의될 수 있는가?
그 자유는 누구에게나 동일하게 주어져야 할까?
만일 그렇지 않다면 어떠한 기준이 필요한가?

딜 레 마 의
여 덟 번 째 V

편

편

지

지

사랑하는 L에게 날씨도 제법 따스해지더니 올해는 유난히 벚꽃이 일찍 피었구나. 예년 같으면 벚꽃축제를 한답시고 잔뜩 사람들이 모여들 텐데 올해는 사회적 거리두기를 이유로 몇몇 벚꽃 명소를 폐쇄해 버렸으니 길거리가 조금은 한산해지겠는걸. 그런데 하지 말라고 할수록 더 하고 싶은 게 인간의 간악한 심성이지. 분명 개중에는 스스로의 욕망을 이기지 못하고 통제선을 넘어 꽃놀이를 즐기는 이들이 있을 게다. 그래서 어디든 규율을 엄격하게 바로 세워 놓는 게 중요하지. 그런 녀석들은 집에 최소 한 달 이상 격리하고 외부 출입을 금지시켜야 한다.

　　　　몇몇 선을 넘는 녀석들을 관리하는 것도
중요하지만 우리에게는 실은, 사람들이 꽃놀이를 하는
활동에 심리적으로 제약이 생겼다는 것이 더욱 의미가
있다. 나는 사람들이 자연을 벗 삼아 시간을 보내는
활동을 하는 것을 경계한다. 사람들이 자연을 탐구하며
거기에서 일련의 질서를 발견하고 영감을 얻는 것도
아주 몹쓸 일이지. 그러한 활동은 우리의 이성적이고
분석적인 사고를 마비시키고 쓸데없는 사색과 공상을
하게 만든다.

이성과 사실, 논리와 데이터에
감각이나 상상에 의존

안 그래도 어리석고 무지한 인간들은 더욱 편협한 사고를 하게 되고 불가능한 일에 희망을 걸게 된다.

따갑게 비추는 햇살, 파랗고 높은 하늘과 바람에 살랑이는 나뭇잎, 저마다 다른 새들의 지저귀는 소리…. 이런 것들은 동화책에 나오는 환상에 불과하다. 사실 더 중요한 질문은 이것이다. 백설공주를 구한 왕자와 백설공주는 그 이후 어떻게 되었을까? 과연 '그 후로 그들은 오래오래 행복하게' 잘 살았을까? 백설공주를 잃은 일곱 난쟁이들은 어떻게

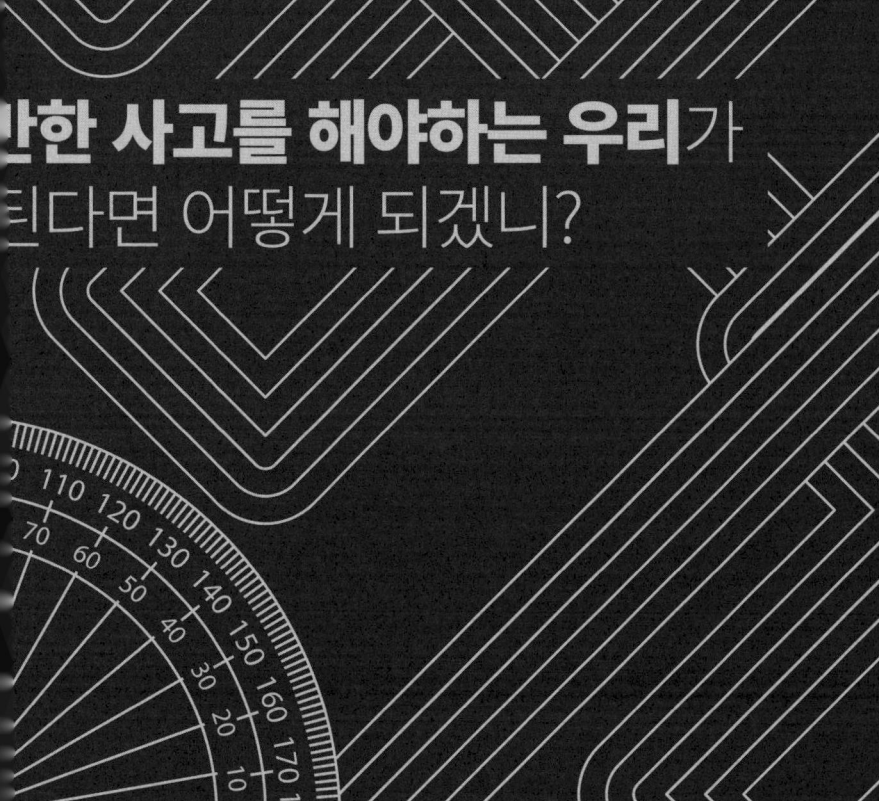

되었을까? 동화책에서는 이런 내용을 다루지 않는다. 우리가 더 현실을 객관적으로 바라보고 미래를 위해 구체적으로 무엇을 준비해야 할지 동화책에서는 어떠한 교훈도 얻을 수 없지. 사람들이 좋아라 하는 꽃놀이 같은 유람이 바로 그런 것이다. 조만간 비바람에 날려 없어질 꽃잎 몇 장을 보고 어떤 현실의 교훈을 얻을 수 있을까? 다가가 만질 수도 없는 구름과 하늘이 도대체 무슨 방법으로 우리에게 실질적인 이득을 가져다 주는가 말이다. 그런 것들은 우리 현실을 변화시키는 힘이 될 수 없다구. 기껏해야 사람을 헛된 감상에 빠뜨리고 무의미한 환상만 꿈꾸게 할 뿐이다.

칼 피어슨(Karl Pearson)이라는 학자는 이런 말을 했지. '개인적 느낌에 의해 오염되지 않은 사실을 근거로 판단을 내리는 습관이야말로 과학적인 마음의 특징이라고 할 만하다'고 말이야. 나는 이 말이 단지 조직생활뿐만 아니라 우리가 삶을 살아가면서 지켜야 할 하나의 중요한 원칙이 되어야 한다고 생각한다. 세상의 모든 혼란과 고통이 어디에서부터 비롯될까? 바로 인간의 마음이다. 인간은 자기 마음대로 현상을 해석하고 오해한다. 그래서

어느 순간 하나의 사실은 사실로써 존재하는 게 아니라

인간의 마음에 의해 오염되어 '왜곡된 사실'로 존재하지.

'직관'이라는 것도 실은 자기 멋대로 사실을 받아들이는
편협하고 그릇된 태도에 불과해. 따라서, 우리가 지금
살고 있는 세계를 객관적이고 냉철하게 분석하며 제대로
이해하기 위해서는 모호함에서 벗어나 확신을 가질 수
있는 논리와 지식이 필요하다. 이런 맥락에서 자연과
'관계'를 맺는다는 것은 상당히 위험스러운 일이지.
자연은 그 자체가 '거대한 모호함'이니까.
도대체 그것들이 언제 어떻게 생기고 자라나는지,
서로 어떻게 연결되고 영향을 주고받는지,
그것들의 존재 자체가 이 세계를 어떻게 유지하고
변화시키는지…. 이 모든 것들을 인간은 물론이거니와
나 역시 알 수가 없다.

머리말 편지

조직 안에서
**미션과 가치,
리더십,
팀워크**
이런 단어들은
**인간의 마음을 어지럽히고
모호함만 높이는 말들**이다.

물론 때에 따라 이런 단어들을 적극 활용하는 데는 찬성이다. 예를 들면 누군가가 네가 하는 일의 목적과 이유를 물을 때 이러한 단어들을 적절히 활용하면 상당한 합리성을 보장받을 수 있지. 그 외에는 아무짝에도 소용이 없다. 미션이나 가치라는 이름으로 행해지는 불필요한 교육들을 생각해 봐라. 안 그래도 여러 가지 회의와 업무로 바쁜데 그런 교육들이 중간에 비집고 들어와 네 시간을 빼앗아 가고 있지 않니? 리더십과 팀워크란 이름으로 행해지는 조직 안의 여러 권모술수를 머릿속에 떠올려 보아라.

여덟 번째 편지

수단과 방법을 가리지 않고 누군가를 넘어뜨리려는 은밀한 계획과 실행이 리더십과 팀워크라는 이름으로 행해지고 있단다.

뭐든지 이상은 아름답지만 현실은 부조리가 가득한 법이지.
우리는 이 부조리한 현실을 면밀히 살피고 이를 극복해 나가며 성취를
만들어 내야 한다. 꽃놀이나 여행 따위 들이 이런 현실을 보지 못하게 하고
그저 이상적인 아름다움만 좇게 만들지. 우리의 눈을 가리고 공상에
빠뜨림으로써 현실 감각을 잊게 만들어 버린다.

조직의 질서와 화합을 위해서는 구성원들에게
옳은 것과 그른 것, 이득과 손해, 흑과 백을 명확히 구별
시켜 주어야 하지. 누구나 예외 없이 경계 안에서 같은
규율의 지배를 받아야 공정한 것 아니겠니.
오직 체계적인 전략 위에 짜인 논리와 이성만이 우리를
혼란에서 구원해 줄 수 있단다. 그래서 법과 제도,
명문화된 절차와 규칙이 중요한 거야. 만일 미션이나
가치, 몰입과 헌신처럼 모호한 말들로 구성원들을
자극한다면 조직은 더욱더 무질서해지고 걷잡을 수
없이 통제하기 어려워질 거다. 자고로 인간은 같은
여건에서 다른 선택의 기회와 결과를 얻어 낸 타인을
좀처럼 수용하지 않으니까.

여덟 번째 표지

사람들이
따를 수 있을 만한 가치를
한 가지 제시한다면
오직 '행복'이다.

행복이야말로 인생의 궁극적인 목표고 모든 선택에 있어서의 기준이지. 행복을 추구하는 개인에게 손가락질할 수 있는 사람은 아무도 없다. 그러니 넌 오직 너 자신에게만 집중해라. 네가 무엇이 되어야 하는지에 집중하고 그 '꿈'을 향해 질주해라. 그럴수록 행복은 네게 점점 더 가까이 다가올 게야. 네가 어제보다 오늘 더 행복해지길 나는 늘 응원한단다.

그럼 오늘도 승리하렴.

너를 아끼는 Dilemma

딜레마의 질문

1
논리와 이성이 강조되는 세계와
감각과 직관이 강조되는 세계는 서로 다를까?
논리와 이성, 혹은 감각과 직관이
각각 지나치게 강조되면 발견될 수 있는 현상은 무엇일까?

2
우리 사회와 조직 안에서 사실은 사실로서 존재하는가?
만일 그렇지 않다면,
사실이 왜곡되는 것에 영향을 미치는 것은 무엇인가?

3
사람들이 이야기하는 '행복'은 어떤 의미일까?
일을 하는 장면에서 발견될 수 있는 행복은
어떤 것들이 있을까?

여덟 번째 표지

딜레마의 아홉번째

편지

사랑하는 L에게

지난번 내 편지를 읽고 느낀 바가 있었으면 좋겠구나. 사람의 주관적인 마음이나 감각, 느낌과 생각이 조직 안에서 사용되는 건 많은 혼란을 야기하지. 인간이 세상을 바라보는 시각이나 관점, 해석은 그때마다 달라지거든. 심지어 인간은 자기가 현재 무슨 생각을 하는지, 그것이 나로부터 온 생각인지 또는 타인에게로부터 온 것인지, 그것이 진정 내가 원하는 것인지조차 깨닫지 못한다. 그래서 조직 안에는 반드시 명문화된 제도와 규율, 감독이 필요한 법이지. 가능한 조직 안에서 발생할 수 있는 모든 일들에 대해 규율을 적용할 수 있도록 상세히 갖추어 놓는 것이 좋다. 어떠한 상황이 들이닥쳐도 명확한 판단과 정답 제시가 가능하도록 말이야.

흑과 백이 명확할수록
조직 안에
잡음이 줄어들고
공정성을
지킬 수 있는 법이거든.

네가 진작에 이런 사실을 알고 있었더라면 최근에 겪고 있는 문제로 골치를 썩지 않아도 되었을 게다. 조직 안에 서로 심한 갈등을 겪고 있는 사람들이 있다면, 그리고 그 사람들이 내가 관리하는 팀에 동시에 존재한다면 리더로서 여간 곤혹스러운 게 아니지. 자칫 잘못하면 그 갈등이 리더인 네 책임으로 보일 수 있으니 말이다. 당부하건데 그 책임을 너 자신에게 스스로 돌리지 말아라. 사람들이 서로를 비난하고 헐뜯는 것은 각자의 욕구 때문이니 그 책임을 리더인 네가 대신 짊어질 필요는 없지.

자고로 인간들이란 자신이 하는 일을 **끊임없이 타인과 비교하며** 가치를 매기는 습성이 있거든.

다른 사람보다 더 많은 일을 맡게 되거나 반대로 적은 일을 맡게 되어도, 혹은 크고 중요한 일을 맡게 되거나 그와 달리 작고 사소한 일을 맡게 되어도…. 어떤 일을 맡게 되든지 상관없이 사람들의 불평은 끝나질 않는다. 그러니 괜히 네가 나서서 중재하거나 조정하려고 들지 말거라. 가만히 옆에서 지켜보면서 그들의 목소리가 잦아들 때를 기다려라. 그들은 분명 제풀에 지쳐 순응할 수밖에 없을 테니까.

지금처럼 조직 안에서 역할 분담이나 업무 분장을 새로 하게 될 경우 이런 갈등이 일어나는 것은 지극히 당연한 일이다. 틀림없이 열이면 열은 이런 갈등이 일어나게 되어 있지. 역할과 업무를 나누는 것에 대해 논의가 시작되면 사람들은 꽤 예민해진다. 혹시나 자신이 남들보다 더 많은 일을 하게 되지 않을까, 또는 내 존재감이 드러나지 않는 귀찮기만 하고 별로 티 나지 않는 일을 하게 되지는 않을까 하는 염려 때문이지. 따라서 리더로서 너는 때를 기다려 팀원들의 염려에 공감해 주는 척하며 공정한 기준을 제시해 주면 된다. 리더는 조직 안에 기준을 제시해 주는 사람 아니겠어? 팀원들이 서로에게 대립하며 때로는 감정적인 손상을 주고받는 것도 때로는 필요한 일이다. 그래야 리더인 너의 역할과 필요성을 절감할 테니까.

팀원들의 역할과 업무를 나눌 때에는, 굳이 배경과 이유에 대해 세세하게 이야기할 필요는 없다. 그들에게 조직개편이 어떤 배경에서 이루어졌는지, 변화된 상황은 무엇인지, 새로운 조직에 기대하는 역할이 무엇인지 등을 이야기해 봤자 그들의 머릿속은 '그래서 내가 이전보다 더 좋아진다는 거야? 아니면 더 힘들어진다는 거야?' 라는 생각으로만 가득할 것이다. 앞서 말했듯, 인간은 모든 현상을 주관적인 감각과 느낌으로 해석하기 때문에, 배경과 이유를 나누는 것은 직원들이 명확한 답을 찾아 받아들이는 데에 도움이 되기는커녕 오히려 오해와 혼란만 불러일으킬 가능성이 높지. 그러니 그들에게 목적과 방향을 공유할 필요도, 본인이 원하는 일과 역할에 대한 각자의 생각을 물어볼 필요도 없다.

팀원들이 원하는 것은
'분명한 경계선'이지,
'경계선이
**왜 그곳에
그러한 모양으로**
그어져야 하는가에 대한
논의'가 아니기 때문이지.

팀원들에게 본격적으로 업무를 맡길 때에는
그 일의 '과거 속성'을 살펴서 이를 기준으로 삼아라.
이를테면 이전에 이 일의 분량이 대략 어느 정도였는지,
시간은 어느 정도 걸리는지, 이전 담당자는 어디서부터
어디까지 이 일을 진행했는지를 세세하게 따져 보아라.
앞으로 진행하게 될 일의 방식이 과거와는 다를 것이라고
생각할 필요는 없다. 그리고 절대 일의 '난이도'나
'중요도'를 따져 분배하지도 말아라. 그러한 가치 판단이
팀원들로부터 불만을 불러일으키는 요인이니 최대한
일의 '양'과 '소요시간'을 고려해 공정하게 분배하는 것이
네게 유리하다. 생각해 보면 조금 어렵거나 힘든 일도
직급에 상관없이 누구나 할 수 있는 기회가 주어져야
스스로 도전하고 성장할 수 있는 기회가 생기는 것
아니겠니? 눈에 띄진 않지만 매일매일 돌아가야 하는
업무도 직급을 막론하고 모두가 경험해 봐야 조직이
돌아가는 세세한 것까지 이해할 수 있을 것이고 말이야.
지금까지 해 왔던 일의 속성에 따라 업무의 '양'을

아홉 번째 편지

기준으로, 팀원들이 N분의1로 정확하게 나누어 일을 가지는 게 가장 합리적이고 서로의 불만을 줄일 수 있는 최선의 방법이지.

　　　　이러한 방식으로 기준을 제시하고 팀원들이 제각각 일을 나누어 가진 후에도, 누구에게도 돌아가지 못한 몇몇 업무들이 남아 있을 수 있지. 마치 컵라면 바닥에 침전되어 남아 있는 건더기 스프처럼 말이다. 이럴 땐 좋은 방법이 있다. 팀원 중에 일에 대한 욕심이 가장 많으면서 평소 똑 부러지게 일을 잘 처리하는 녀석에게 일을 얹어 주면 된다. 대신 녀석에게 좋은 성과와 보상을 약속해야 한다. 남들보다 일을 훨씬 더 하게 될 테니 그 노력과 수고에 대한 인정은 당연한 것 아니겠어? 게다가 남들과 조금 차별화된 보상은 다른 사람에게도 좋은 자극이 될 수 있지. 일에 대한 대가는 정직해야 하는 법! 노동의 수고는 값지다는 것을 팀원 모두에게 알려줄 수 있는 기회도 될 수 있을 게야.

리더의 편 집

누구에게나 갈등은 반갑지 않겠지.
갈등은 조직에 분란을 만들고 분열을 조장하니 말이다.
특히나 팀원들이 갈등을 겪는 상황을 옆에서 지켜보고
있는 리더라면 여간 불편한 게 아닐 게다. 그들이 서로
손가락질하며 다투다가 자칫 잘못하면 그에 대한 책임이
나에게로 넘어올 수 있기 때문이지. 그렇기 때문에
리더는 항상 팀원들과 적당한 거리를 유지해야 한다.
너무 깊게 그들에게 관여하지 말고 웬만하면 그들이
스스로 해결할 수 있도록 내버려 두어야 한다.
'애들은 싸우면서 자란다'는 말처럼 팀원들도
마찬가지지. 각자의 입장을 주장하며 서로의 의견이
맞지 않을 때 투닥거리며 싸우다가 그러고 나면
더 친해지기도 하고, 또 삐친 뒤에 서로의 속마음을
잘 알게 되기도 하고…. 그게 바로 회사의 동료 관계
아니겠니?

그러니
괜히 오지랖 떨며
미리 그들의 싸움에
끼어들지 말아라.

　　그저 그들이 알아서 서로의 입장 차이를 확인할 때까지 기다렸다가 적당한 시기에 서로의 손을 끌어당겨 악수나 한번 시켜주는 것이 현명한 리더의 태도란다.

　　참, 혹시나 이러한 갈등 상황으로 인해 누군가가 네 리더십을 탓한다면 이렇게 말해라. '이건 우리 조직의 리더십이나 팀워크 문제가 아니다. 이것은 개인 간의 이견에서 비롯된 단순한 갈등일 뿐이다.'라고.

그럼 오늘도 승리하렴.

너를 아끼는 Dilemma

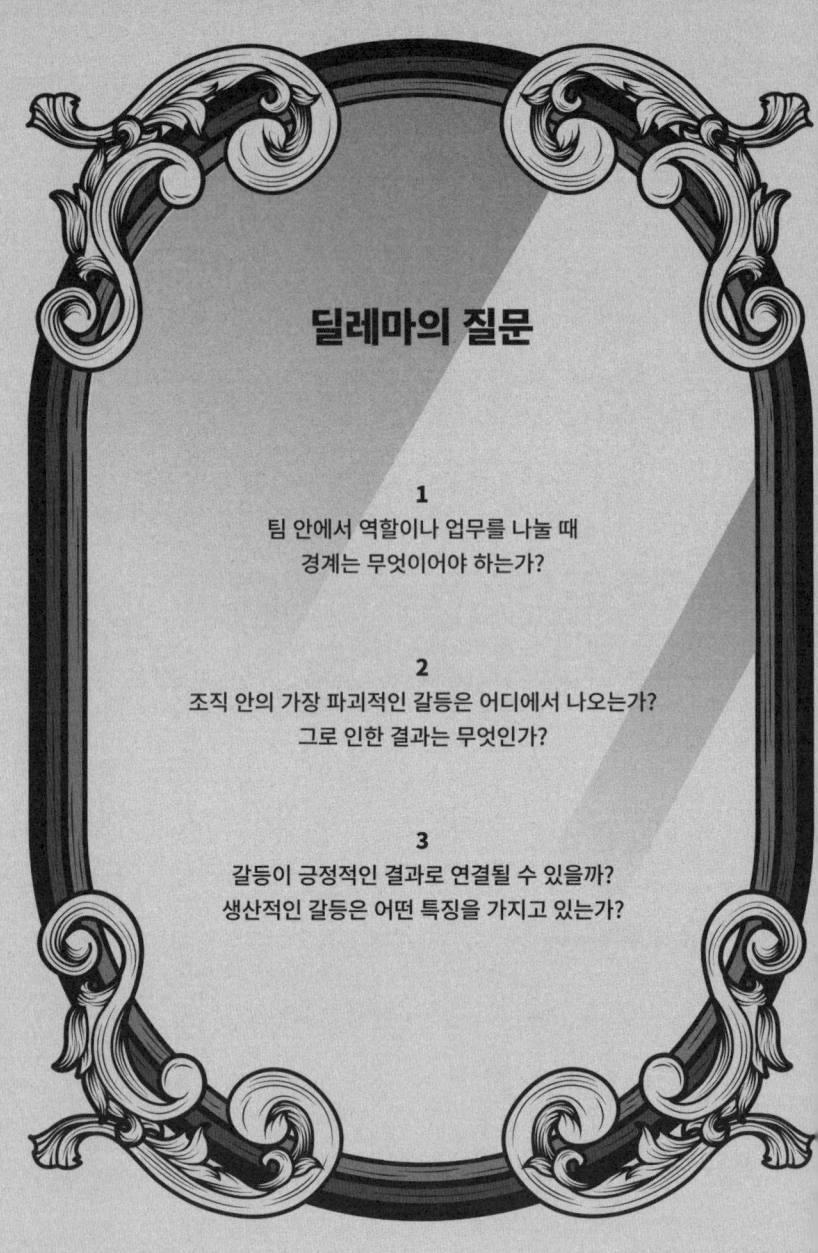

딜레마의 질문

1
팀 안에서 역할이나 업무를 나눌 때
경계는 무엇이어야 하는가?

2
조직 안의 가장 파괴적인 갈등은 어디에서 나오는가?
그로 인한 결과는 무엇인가?

3
갈등이 긍정적인 결과로 연결될 수 있을까?
생산적인 갈등은 어떤 특징을 가지고 있는가?

아홉 번째 편지

딜 레 마 의

열 번 째

편 지

편 지

사랑하는 L에게

팀 안에서 업무 분장이 잘 마무리되었다니 다행이구나. 역시 내 예상대로 이미 네게 의존적인 상태로 길들여진 팀원들은 네가 제시한 기준에 따를 수밖에 없을 게야. 그들은 앞으로도 네 의견에 반하는 선택을 하는 모험을 쉽게 하긴 어려울 거다.

모험이란
꿈꾸고 있는 자의 것이지.
**그들처럼 죽은 송장이나
다름없는 것들의
소유가 아니다.**

하긴 그나마 그들 곁에 네가 있으니 그나마 종종 수혈을 받고 있는 셈이구나. 네 피에 흐르는 목표에 대한 집념과 불길처럼 맹렬한 성장에 대한 욕심을 그들이 조금이나마 본받으면 좋으련만…. 그래도 최근에 J라는 녀석이 꽤 열심히 제 역할을 다해 주고 있다지? 이전에 다른 일을 하다가 네가 맡고 있는 부서로 옮겨온 지 얼마 되지 않은 친구인데, 짧은 시간에 네 눈에 들어왔다는 것은 녀석이 그만큼 의욕적이고 열정적이라는 뜻이겠지. 네 마음에 들어오는 부하직원을 만났다니 퍽이나 반가운 소식이다. 자고로 리더라면 자신을 한결같이 성실하게 지원해 주고 뒤에서 밀어주는 후계자가 필요하지. J라는 친구에 대한 이야기는 앞으로도 종종 내게 들려주렴.

회사에서 전략적으로 추진하는 '변화관리 TF'에 네가 합류하게 되었다는 소식도 전해 들었다. 많은 조직들이 변화를 부르짖으며 TF를 비롯해 많은 위원회를 만드는데, 미안한 얘기지만 난 그 방식이 성공했다는 이야기를 들어본 적이 없다. 대부분, 변화의 책임을 임시로 만든 집단에 떠넘기려는 것이 진짜 속셈이지. 하지만 네가 '변화를 이끌기 위한 모임'에서 역할을 하게 되었다는 것은 나쁘지 않구나. 그만큼 네가 회사에서 중요한 사람으로 인정받고 있다는 것 아니겠니? 무엇보다 그 모임에 참여한 다른 사람들과 소통하며 네가 얼마나 능력이 있고 비상한 재주를 가지고 있는 사람인지 보여줄 수 있는 기회를 가질 수 있겠지. 운이 좋으면 네 마음에 맞는 사람들과 실제로 몇몇 변화들을 만들어 낼 수도 있을 게다.

하지만, 네가 유의해야 할 것은 그 '임시 조직'에 너무 많은 에너지를 쏟을 필요는 없다는 점이다. 원래 네가 집중해야 할 일도 산더미인데 추가로 맡게 된 짐이 아니냐. TF에 들어오게 된 것도 따져 보면 네 의지도 아니고 말이야. 어차피 올해 네 성과는 기존 네 조직 목표 달성에 따라 정해질 거고, 이 임시 조직의 일은 성과에 반영도 되지 않는 귀찮은 푸닥거리에 불과하다.

변화라는 말로 그럴싸한 분위기
그것이 진짜 이루어질 것처럼
사람들을 선동하는 '굿'에 불과

그러니 넌 정기적으로 회의에 참여하여 그럴듯한 의견을 제시하면서 모임에서 이벤트가 하나 정해지면 그저 성실히 도움을 주는 척하면 된다. 단, 이때는 진실로 성실하고 적극적으로 참여해야 한다는 것을 명심해라. 사내에서 변화와 관련된 이벤트를 하게 되면

-들어서

말이다.

대부분 사진이나 영상을 남기게 되거든. 조직 안에 있는 사람들은 이를 통해 실제 변화보다 활동에 대한 기억과 느낌을 반추하는 데 더 집중하게 되지. 따라서 적극적으로 참여하여 최대한 사진이나 영상에 네가 많이 노출되도록 하고 사람들의 기억 속에 네가 '변화를 이끄는 모임'의 선두에 서고 있다는 사실을 각인시켜라. 아, 좋은 팁을 하나 알려줄까? 단체 사진을 찍을 때 되도록이면 네 사장 옆에 서 있으렴. 그와 악수를 나누는 모습을 담아 놓는 것도 좋은 방법이다.

그 임시 조직에 어쩌면 변화에 대한 투철한
목적의식과 사명감을 가지고 덤벼드는 놈이 있을지
모른다. 대개 그런 녀석들은 조직에서 차마 나누기
어려운 불편한 이야기를 수면 위로 끄집어내어 긴장감을
조성한다. 때로는 이전에 진행한 조직문화나 리더십
진단 결과를 들고 와서 조목조목 따져 가며 임시 조직이
해야 할 일들을 열거하기도 하지. 현재 조직이 굉장히
망가져 있는 것처럼 분위기를 조성하면서 그러한
상태에서 벗어나게 할 수 있는 유일한 구원의 손길이
다름 아닌 우리네들이라고 사람들을 선동할 것이
분명하다. 그들은 조직 안의 사소한 흠집을 부풀려
이를 자신에 대한 인정으로 치환시키려는 뻔한 속셈을
가지고 있다. 아마도 자기가 조직의 문제를 처음
발견했고, 마침내 그 문제를 해결하는 구원자가
되었다는 칭송을 얻고 싶겠지. 너는 그들의 선동에
현혹되지 말고 그들의 얄팍한 의도를 파악하여야 한다.
무엇이든 긍정적으로 바라보는 사람이 사람들의 신뢰를
얻게 되어 있다. 특히 이전부터 오랫동안 조직이 해 왔던
관행을 부정하거나 의심하는 사람은 조직 안에서
인정받기가 어려운 법이지.

지금까지 이어 온
규율과 질서는
나름의 이유가 있지.
**수많은 시행착오 끝에
그것이 가장
효과적인 방식이라
인정되었기 때문에**
조직의 관행으로
남을 수가 있었던 거다.

오히려 오랫동안 전통처럼 이어져 내려오던
것을 잘 보존하여 후배들에게 어떻게 하면 잘 물려줄까를
고민하는 것이 더 발전적이고 건강한 고민이지. '변화'라는
이름으로 조직의 관행과 남겨야 할 유산을 등한시하는
녀석들을 너는 반드시 경계해야 한다.

이렇게 불필요한 문제를 제기하고 조직에
부정적인 인식을 가지고 있는 녀석들을 상대하기란
여간 어려운 일이 아니다. 목적과 사명감이라는
이름으로 놈들은 절대 흔들림 없는 가치를 지니고
있다고 생각하거든. 그것이 진짜 정의인 양 그들은
마치 자신의 목숨이라도 내놓을 것처럼 말하고 행동할지
모른다. 사실 목숨은커녕 자신의 자리 하나도 내어놓기
어려워하는 것들이 말이야.

너는 녀석들을 직접적으로 상대하지 말고
그들이 보이지 않는 곳에서 그들에게 흠집을 내거라.
임시 조직 내의 다른 사람들에게 그들이 제기한 문제가
조직에 부정적인 인식을 가져올 수 있다는 우려를
표시해라. 네 상사나 리더들이 'TF 활동이 자칫 직원들이
회사에 문제가 있는 것처럼 느끼게 만들진 않을까' 하는
걱정을 하고 있다고 전해라. '괜히 긁어 부스럼' 만드는
것보다 '굳이 안 해도 되는 이야기는 하지 않는 것'이
더 중요함을 강조해라. TF에 참여하는 사람들 모두
임시 조직의 활동이 자신들의 성과에 직접적인 관련이
없다고 다들 익히 알고 있는 바, 서로가 부담이 가지 않는
선에서 적절하게 활동을 조율할 것을 제안해라.

알다시피 임시 조직은 시간이 지나면
자연스럽게 해체되고 사라진다.

사람들의
머릿속에 남는 것은
변화가 아니다.

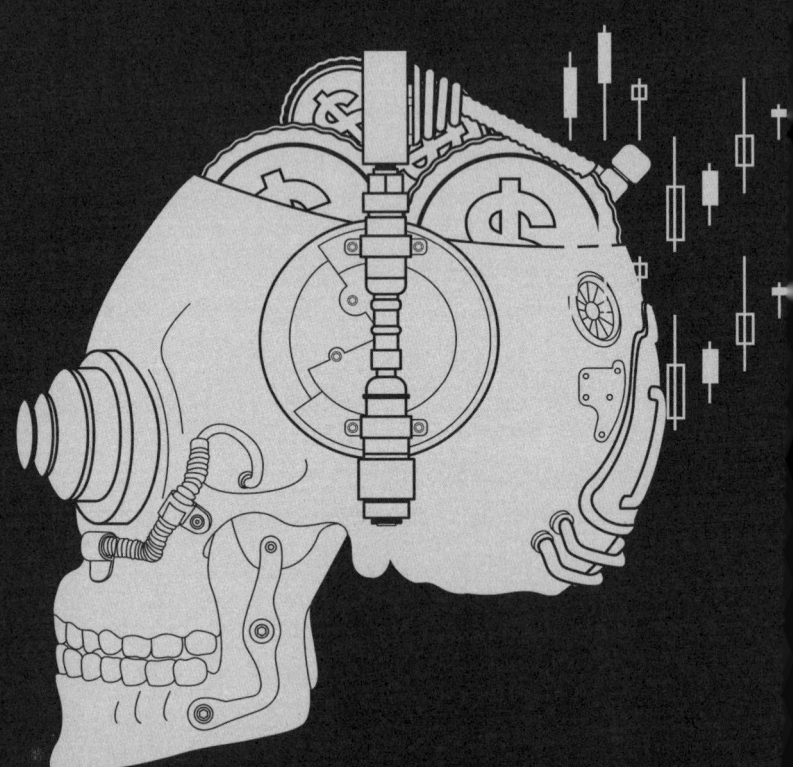

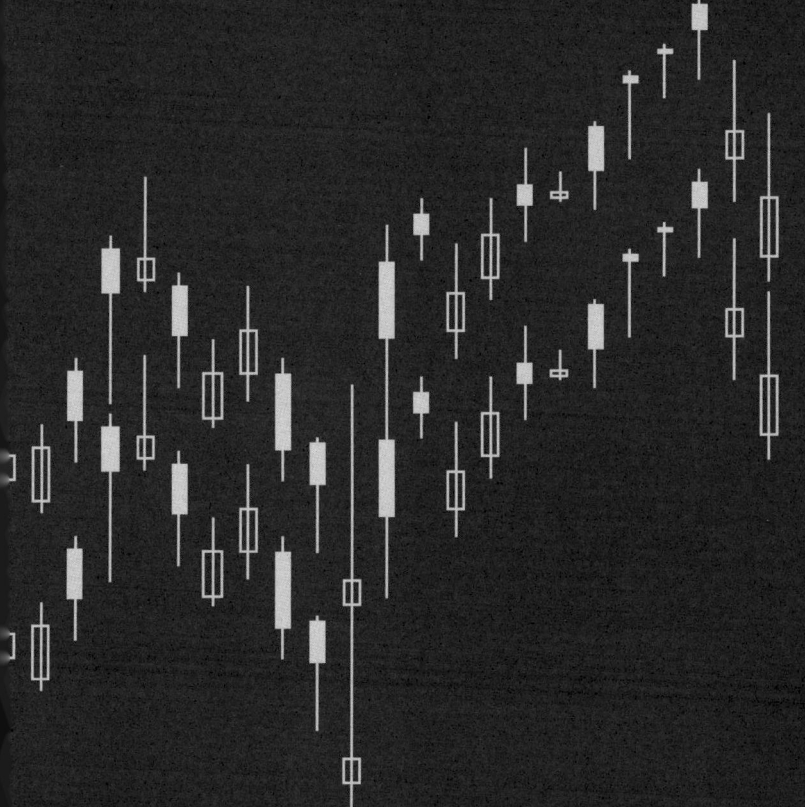

변화라는 이름으로
만들어진 조직이
자기들에게
**어떤 직접적인 혜택을
주었냐 하는 것이지.**

어차피 네 위에 있는 사람들도 자기네들이 리더라는 자리에 있는 동안 조직이 불필요한 사건이나 이슈에 연루되지 않고 그저 무탈하게 조직이 굴러가기만을 바라고 있을 게다. 크고 작은 일에 계속해서 대응해 가면서 정답도 없는 일들을 결정하고 책임을 진다는 건 정말 피곤한 일이거든. 따라서 조직에서 이야기하는 변화는 실은 '무탈한 일상의 연속'이라고 볼 수 있지. 단지 너희 같은 임시 조직에서는 때마다 직원들이 회사에 '고마움'을 가질 수 있게, 그래서 당분간 그 마음으로 성실하게 생활할 수 있게 적당한 혜택을 제공해 주면 된다. 상품권이나 커피 쿠폰 같은 것을 이용해서 말이야. 때로는 값이 나가는 선물도 준비해 두렴. 영상과 사진에 그럴듯한 '그림'을 만들어 집어넣기에 충분한 것으로 말이다.

이제 좀 우리가 원하는 일에만 집중할 수 있으려나 싶으면 매번 새로운 일이 네게 주어지는구나. 하지만 너무 억울해 하거나 부담으로만 여기진 말거라. 네가 그만큼 인정받고 있다는 뜻이고, 이를 통해 앞으로 더 많은 성취가 주어질 테니 말이야. 네가 조직 안에서 만들어 나갈 변화가 내겐 가장 중요하고 기대된단다.

그럼 오늘도 승리하렴.

너를 아끼는 Dilemma

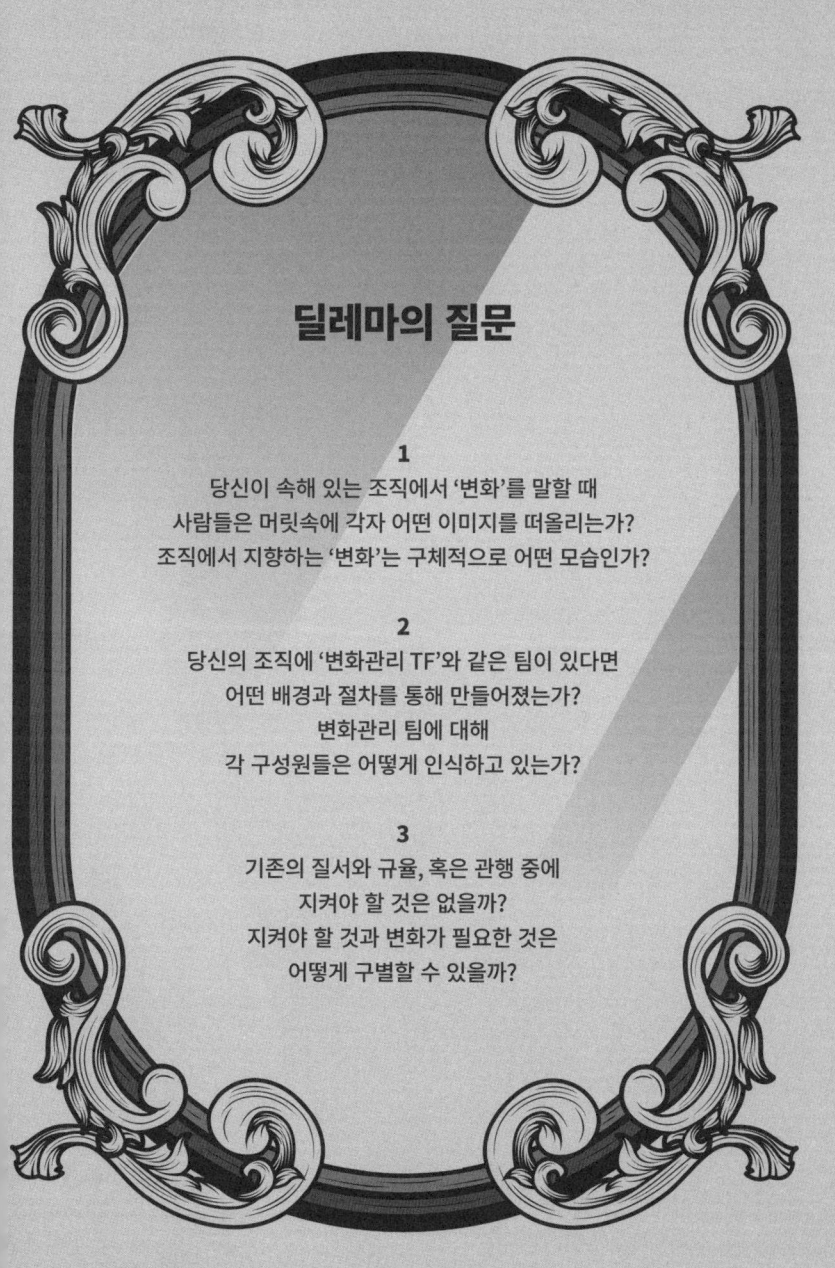

딜레마의 질문

1
당신이 속해 있는 조직에서 '변화'를 말할 때
사람들은 머릿속에 각자 어떤 이미지를 떠올리는가?
조직에서 지향하는 '변화'는 구체적으로 어떤 모습인가?

2
당신의 조직에 '변화관리 TF'와 같은 팀이 있다면
어떤 배경과 절차를 통해 만들어졌는가?
변화관리 팀에 대해
각 구성원들은 어떻게 인식하고 있는가?

3
기존의 질서와 규율, 혹은 관행 중에
지켜야 할 것은 없을까?
지켜야 할 것과 변화가 필요한 것은
어떻게 구별할 수 있을까?

딜레마의

열한번째

X

편

편

지

지

달레마의 편지

사랑하는 L에게

　　　　　최근에 코로나 백신 때문에 전 세계가 난리더구나. 위협에 대한 인간들의 대응은 때로는 우리도 감탄스러워할 만큼 명민하고 재빠르다. 하지만 인간들은 늘 해결책을 강구해 낸 이후의 구체적인 실행에는 참 어리석지. 뭐, 결국 그것이 우리를 더 기쁘게 만드는 일이긴 하지만 말이야.

　　　　　세계적으로 백신 경쟁에 불이 붙었고 백신 확보 수준을 결정하는 것은 다름 아닌 각 나라의 부와 영향력이다. 여기에 자원이 한정적으로 제공되면 참 재미있는 현상이 일어난다. 어떤 나라는 이미 백신을 충분히 확보하여 심지어 관광객들에게도 백신을 제공한다지? 하지만 또 어떤 나라들은 공원까지 화장터로 변할 정도로 백신 확보는커녕 매일 같이

열한 번째 묘지

사망자가 늘고 있다고 하더구나. 각 나라가 경쟁적으로
백신 확보에 열을 올리며 '모두가 안전하기 전에는
누구도 안전하지 않다'는 교훈도 모르고 갈등 양상으로
치닫고 있더군. 이전에 마스크도 마찬가지였잖니?
출고가 오백 원인 마스크가 개당 사천 원, 오천 원까지
가격이 오른 해프닝이 있었지. 유통업자가 마스크를
사재기하고 가격을 올려 이를 다른 유통업자에게 넘기고
그 사람이 또 폭리를 취해 다른 사람에게 넘기는 과정이
반복되면서 결국 '마스크 전쟁'이 생긴 것이지. 각 동네에
있는 대형 마트에서는 오픈 시간이 채 되지 않았는데
이미 마스크가 품절이 돼서 사람들이 서로 싸우고
항의하고 진짜 전쟁 같은 상황이 이어졌던 것을 너도
기억하지 않느냐?

인간들은 평소
'함께 살아가는 삶'이
중요하다고
외쳐 대면서도
정작 필요한 시기에는
**'혼자 생존하는 삶'을
고민하는**
이중성을 보인다.

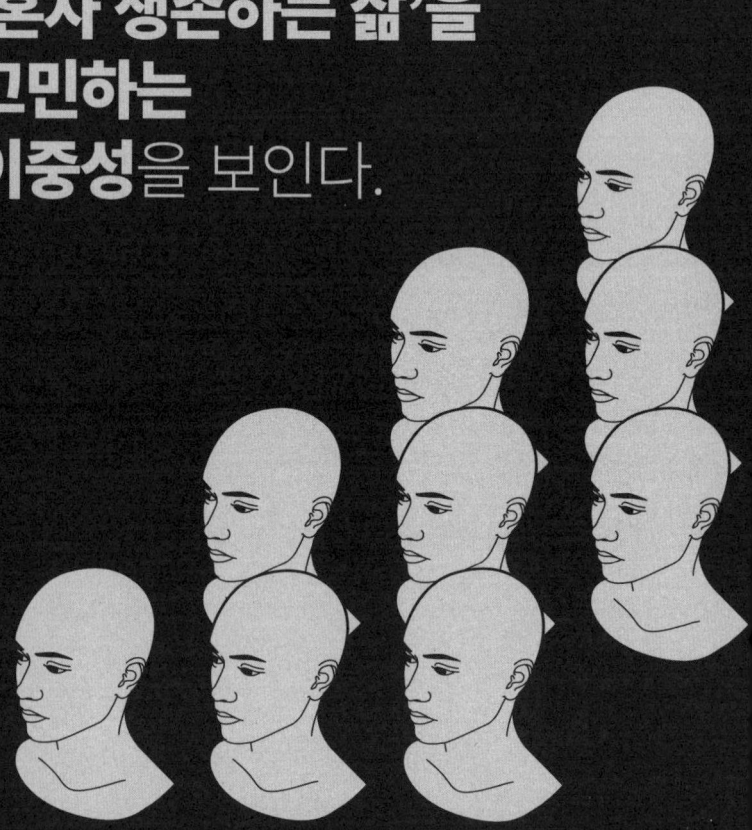

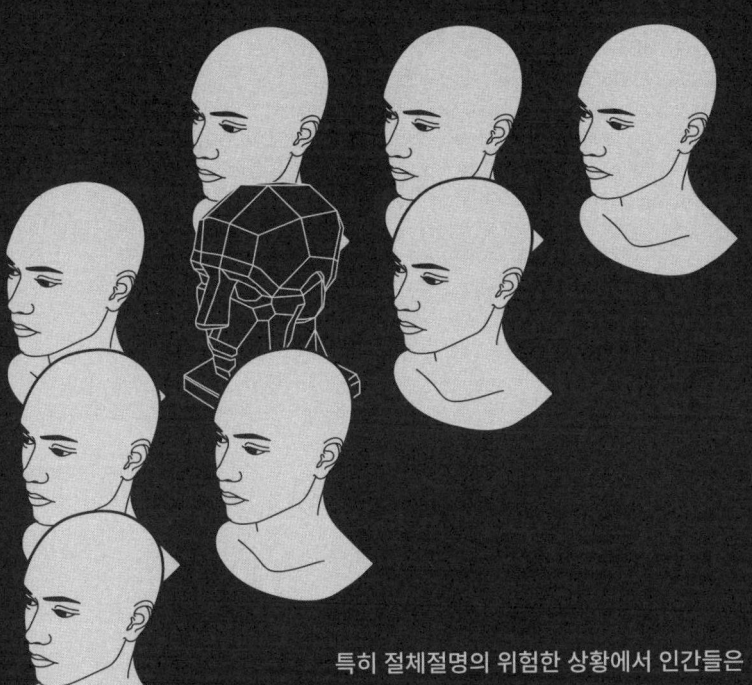

특히 절체절명의 위험한 상황에서 인간들은 자신이 먼저 생존할 수 있다면 물불을 가리지 않는단 말이지. 어떻게든 상대방을 누르고 자신이 그를 밟고 올라서서 자기가 목표로 삼은 것만 달성할 수 있으면 그만이란 말이야. 결과만 달성하면 그만이지, 과정이 뭐가 중요하겠어. 조직 안에서만 봐도 '협업'을 중요한 가치로 여기면서도 정작 직원들을 경쟁 체제로 밀어붙여 상대평가로 보상을 하는 이중성을 보이지 않니. 자기네들이 추구하는 목적과 가치를 망각하고 결국에는 스스로의 이익을 좇다가 다 같이 망가지는 수순을 밟게 되는 것이 지금까지 반복되고 있는 인간의 역사다. 그럼에도 불구하고 아직까지 교훈을 찾지 못하고 반복해서 실수를 저지르고 있는 인간들이란…. 쯧쯧.

　　인간의 어리석은 행동은 여기서 그치지 않는다.

그들은 특별한
'자격기준'을 만들어서
그들이 추구하는
가치를 강화한다.

'한정된 자원'은
그 자격 기준이
일견 합리적이고
타당하게 여겨지는
이유가 되지.

출생연도에 따라 해당 요일별로만 마스크를 구입할 수 있고, 일주일에 2장까지만 살 수 있다거나 하는 방식 말이다. 이런 요건이 모두에게 공감과 동의를 얻어 잘 정착되면 좋으련만 현실은 늘 생각하는 것처럼 이상적으로 돌아가진 않는다. 자원이 부족하면 부족할수록 소유하고자 하는 욕망은 더 강해지는것이 인간의 본능이지. 다이아몬드가 다른 보석보다 비싼 이유가 바로 그런 것 아니겠니? 긴 줄을 서서 마스크를 획득한 이들은 원래 가격의 3-4배 가격으로 중고 시장에 되팔았지. 사람들은 이런 사람들의 행동에 분노하면서도 또 한편으로는 웃돈을 주고서라도 그들이 되팔이하는 상품을 사고야 만다. 흥미롭게도 사람들은 서로가 서로에게 손가락질하며 분열 양상을 일으킨다. 이런 현상이 이어지면 결국 정부에서도 어쩔 수 없지. 더 강한 자격요건을 만들 수밖에. 그런데 생각해 보거라. 이 역시 어디에서 본 듯한 반복되는 현상 아니니? 부동산, 가상화폐, 입시정책…. 인간들은 어느 순간 목적과 가치는 잊어버린 채 서로의 행동을 통제하거나 제한하기 위해 수많은 규율과 제도를 양산한다. 그로 인해 결국은 작은 일 하나라도 진행할라 치면 수없이 많이 쌓여 있는 규율과 절차를 검토하느라 결국 시기를 놓쳐 버리지. 그리고선 다시 그 탓을 다른 누군가에게 돌려 버린다.

그런데 기억해야 할 건 뭔지 아니?
이 인간들의 갈등과 정신없는 혼란 속에서도 뒤돌아서
스스로 웃고 있는 녀석들이 있다는 점이다.
정해진 자원을 놓고 자기네들끼리 지지고 볶는 싸움에
정신이 팔려 무엇이 중요한지도 모르는 놈들 사이에서
현명하게 자기 몫을 챙겨 조용히 빠져나가는 이들이
있다는 얘기지. 마스크를 중간에서 넘긴 유통업자나
중고 시장에 되팔이한 사람들, 국가 간의 백신 전쟁
가운데에서 이득을 보고 있는 제약 회사들…. 넌 이들의
'전략'을 눈여겨볼 필요가 있다. 사람들이 다투고
개인과 국가 간에 갈등이 격화된 것이 이들 탓이 아니다.
이들은 오히려 위기의 순간에 자신의 역할에 최선을
다한 구원자들이지. 고객이 없으면 판매자도 없는 법.
이들을 원하는 고객이 있었기에 이들도 존재했고,
그들의 역할로 인해 그나마도 시장에 제때 필요한
상품이 공급될 수 있었던 게야.

루머피의 편지

인간들이랑 참 흥미롭고 재미있는 존재들이다. 탐욕스럽기가 그지없어서 어쩔 때는 내가 그들의 도움을 받아야 할 것 같다니까. 너도 이런 인간의 이중성을 늘 눈여겨보아라. 인간의 모순된 생각과 태도를 늘 관심 있게 지켜보거라. 사람들의 필요에 집중해 어느 순간 위기가 찾아오고 사람들의 감정이 격앙되면 적절한 전략을 채택하여 그들의 필요를 채워 주거라. 그들에게 필요한 것을 제때에 제공하기만 하면 너는 두 배, 세 배의 이득을 볼 수 있을 것이다.

그런데 한 가지, 반드시 염두에 두어야 할 것이 하나 있다. 희한하게도 인간들 세상에는 상식적으로 이해가 안 되는 부류들도 존재한단 말이야. 합리성과는 거리가 먼 녀석들이지. 이놈들은 '희생'과 '헌신'이라는 이름으로 불필요한 위험을 감당한다. 코로나 확진자를 위한 병상이 부족해지자 자신의 병원을 통째로 내어놓은 의사, 방역 사각지대인 어르신이나 외국인들을 돕기 위해 매일 반찬과 마스크를 전달하는 봉사자, 재난 문자를 아랍어와 태국어 등으로 번역해 난민 커뮤니티에 제공하는 사람들…. 이런 사람들은 '굳이' 노력과 시간을 들여서 고생길을 자처한다. 우리로서는 참으로 난감한 일이지.

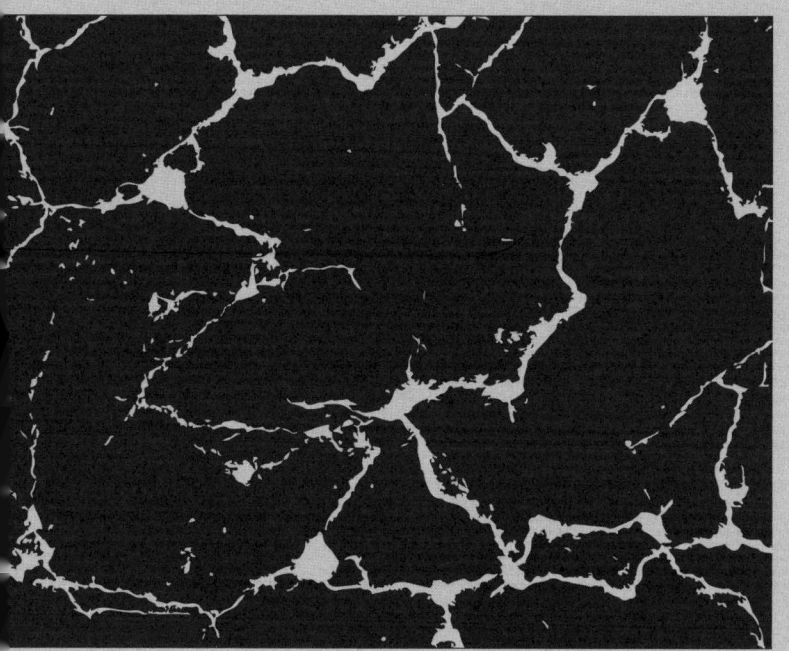

우리가
경계해야 하는 사람들은
자신의 존재 이유가
**'나 아닌
다른 사람 때문'**이라고
믿는 사람들이다.

이 녀석들은 사람이 가지고 있는 모순과
이중성도 모두 '연약함'이라고 생각하지. 그래서 각자가
가지고 있는 연약함이 누군가의 도움으로 채워질 수
있다고 믿는단다. 서로의 '다름이 각자의 약점을 채우기
위함'이라고 고집스럽게 믿는 사람들, '자신을 완성하기
위해서는 반드시 타인이 필요하다'고 외치는 사람들,
이런 놈들은 우리의 전략이 잘 먹혀들지 않고 아주
심각한 방해가 되는 녀석들이지. 이런 녀석들을
만난다면 되도록이면 피하고 상종하지 않는 것이 좋다.

사람이 궁지에 몰리면 어떻게 해서든 그동안
숨겨온 본능을 드러내게 되어 있다. 그래서 때로는
코로나 같은 전 세계적인 위협이 인간들에겐 필요한
법이야. 모든 것이 투명하게 수면 위로 떠오르게 되니까
말이다. 인간이 본능에 따라 생각하고 본능에 따라
선택하고 행동하게 만드는 것이 우리의 임무다.
사람에게 진정한 자유를 제공하는 것이 우리의
미션이니 말이야. 이를 위해 사람들에게 필요한 질서가
어떤 것인지, 그리고 그 질서 유지를 위해 너는 무엇을
해야 할지를 늘 고민하길 바란다.

그럼 오늘도 승리하렴.

너를 아끼는 Dilemma

딜레마의 질문

1
조직 안에서 일을 하는 장면에서
함께 살아간다는 것은 어떤 의미일까?
'함께 살아가는 삶'의 추구는 개인에게 어떤 이익을 안겨 주는가?

2
'한정된 자원'은
조직 내 의사결정과 구성원들의 행동에
어떠한 영향을 끼치고 있는가?
한정된 자원을 효과적으로 사용하기 위한
의사결정의 기준은 무엇인가?

3
조직 안에서 '희생'과 '헌신'은 어떻게 발현될 수 있을까?
이것은 개발이 가능한 영역인가?

딜레마의

열 두 번째 X

편

편

사랑하는 L에게

지난번에 내가 인간이 본능에 따라 생각하고 행동하도록 만드는 것이 우리의 임무라고 했던 말을 기억하느냐? 인간이 본능에 따라 행동한다는 것은 다시 말하면 '욕구'에 따라 살아간다는 뜻이다. 자신의 욕구를 발견하는 것은 누구에게나 굉장히 중요하지.
욕구는 결국 원하는 것을 달성해 내는 힘이기 때문이다. 욕구는 곧 내가 꿈꾸는 것에 대한 간절한 마음이라고도 할 수 있지. 인간에게 욕구가 없다면 금방 무기력해지고 말 거야. 꿈꾸지 않는 자에게 현실이 무슨 의미가 있겠니. 대부분의 사람들은 저마다의 꿈을 꾸기에 저축을 하고, 주식과 부동산에 투자를 하는 것 아니겠어? 그들이 꿈을 꾸며 원하는 것에 더 집중하면 할수록 지금 본인이 하고 있는 일에 더 매달리게 되어 있지. 꿈이란 건 반드시 이루어져야 한다는 법이 없기 때문에 더 매력적이란 말이야. 인터넷과 길거리를 잔뜩 뒤덮고 있는 광고들을 생각해 봐라. 왜 이렇게 셀 수 없을 정도로 많은 광고들이 우리가 살아가는 주변을 둘러싸고 있을까? 그만큼 꿈이 누구에게나 무척 중요하기 때문이라는 것 아니겠어?

꿈에는
마치 곧 그곳에
당장이라도
도착할 수 있을 것처럼
인간을
몰아붙일 수 있는
힘이 있지.

그저 본인이 상상하는 것만으로 말이다.
본인이 욕망하는 것에 닿을 수 있을 것 같다는 희망,
그것이 인간을 움직일 수 있는 가장 좋은 원동력이지.
행여나 실제로는 전혀 닿을 수 없는데 거짓된 희망으로
괴로움을 주는 것이 아니냐고 오해하진 말거라.
사람은 꿈을 꾸며 스스로 행복을 찾게 되는 법이니까.
따라서 조직 안에서 좋은 리더는 팀원들의 욕구를 제대로
파악해서 그들이 계속해서 꿈을 꿀 수 있게 만들어야
한다.

얼마 전 J가 네게 찾아와서 일이 힘들다고
토로했다지? 모처럼 쓸 만한 녀석이 팀에 들어왔다고
내게 자랑할 만큼 너도 많은 기대를 걸고 있었을 텐데
꽤 마음이 쓰리겠구나. 녀석을 생각해서 다른 팀원에게
시켜도 되는 일까지 맡겼더니, 자신을 아끼는 팀장의
마음은 모르고 얼마 버티지도 못하고 엄살을 부리는
꼴이란…. 쯧쯧. 그래도 어쩌겠냐. 아직 J의 쓸모가 많으니
녀석이 역할을 다할 수 있게 그의 욕구를 채워 주거라.

먼저, '높은 인센티브'를 약속해서 그의
반응을 살펴보아라. 사실 그가 팀 내에서 가장 높은
인센티브를 받아도 반대할 사람은 거의 없을 거다.
평소에 그가 팀 내에서 가장 고되고 힘든 일을 도맡아서
했다는 것은 누가 봐도 확실할 터. 지난 주만 하더라도
네 실수로 잘못된 계약서의 내용으로 네 상사가 곤경에
처했을 때 그가 너 대신 문책을 받아 주었지 않느냐.
어쩌면 J는 지난주 그 사건으로 네게 그에 부합하는
대가를 원하는 것일지도 모른다. 좋은 평가와 높은
인센티브를 약속하여 J의 마음을 달래 주면 한결
그의 태도도 누그러질 게다.

만일 그럼에도 불구하고 계속해서 뾰로통한
반응을 보이면 '연봉 인상'을 꺼내어 보거라. 네가 리더로서
몇몇 우수한 팀원들에 대한 추가 연봉 인상 권한이 있다는
것을 그가 알게 되면 그는 네게 조금 더 너그러워질지
모른다. 매년 기껏해야 3% 남짓 인상되는 연봉에 희망을
거는 사람은 별로 없지. 하지만 네가 가지고 있는 권한으로
평균 인상률에 3%를 더 얹어 남들보다 2배나 되는 연봉
인상을 가능하게 해줄 수 있다는 희망을 안겨 주면 그는
지금껏 그래 왔던 것처럼 앞으로도 계속 꿈을 꾸게 될 게야.
J 역시 스스로를 남들보다 적어도 2배는 뛰어난
사람이라고 믿게 되겠지.

여기에 더 확실하게 그를 네 사람으로 만들어야겠다 싶으면 회사에서 몇몇 우수 직원들에게만 기회가 허용되는 '해외 연수 워크숍'에 그를 추천해 주겠다고 제안하거라. 1~2주 정도 좋은 곳에 가서 쉬고 올 수 있도록 리프레시 휴가를 제공하는 셈이지. 어차피 연수를 다녀온 후에 회사에 제출해야 할 보고서는 현지 워크숍에서 제공하는 자료를 충분히 짜깁기해서 금방 만들 수 있을 거다. 아, 원하면 가족들도 데리고 다녀오라고 해라. 어차피 숙소도 약간의 추가요금만 내면 4인까지 사용이 가능할 테니 말이야. 회사에 우수 인재로 낙점되는 좋은 커리어 기회인 동시에, 가족들과 함께 좋은 추억을 만들 수 있는 기회이니 그는 틀림없이 네 제안에 솔깃할 것이다.

오늘은 가능하면 J를 데리고 나가서 맛있는 저녁 한 끼 사주는 건 어떻겠니? 내가 가만히 지켜보니 그가 평소에 소고기를 굉장히 좋아하는 것 같더구나. 어차피 법인카드로 사는 거 아끼지 말고 이번 기회에 그가 원하는 것을 잔뜩 먹여 주도록 해라. 금액이 조금 과하게 나왔다 싶으면 비용처리 할 때 다른 팀원들의 이름을 슬쩍 끼어 넣어서 처리하면 되니까.

리더라면 자고로 인재를 귀하게 여길 줄 알아야 하고, 그리고 귀하게 여김 받을 만한 인재가 어떤 사람인지 분별할 줄 아는 능력이 있어야 한다. 다시 말해 사람의 '쓸모'를 제대로 파악하고 분별할 줄 알아야 하지.

필요할 때
**필요한 역할을
해 주는 사람**이
진짜
쓸모가 있는
사람이다.

열두 번째 편지

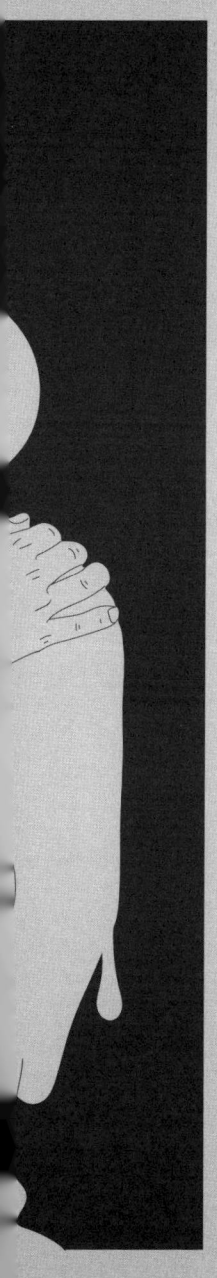

내가 보기엔 J가 아직 경험이 부족해서 '필요할 때'가 언제인지 그리고 '필요한 역할'이 무엇인지 아직 정리가 잘되지 않은 것 같구나. 하지만 가능성이 있으니 네가 리더로서 모범을 보이고 그가 잘 따라올 수 있게 도움을 주면 그는 지금보다 더욱더 쓸모가 높은 인재가 될 수 있을 게다. 그러고 보니,

꿈을 꾼다는 것은 어쩌면 **'나의 쓸모가 높아진 상태를 희망하는 것'**일지도 모르겠구나.

그럼 오늘도 승리하렴.

너를 아끼는 Dilemma

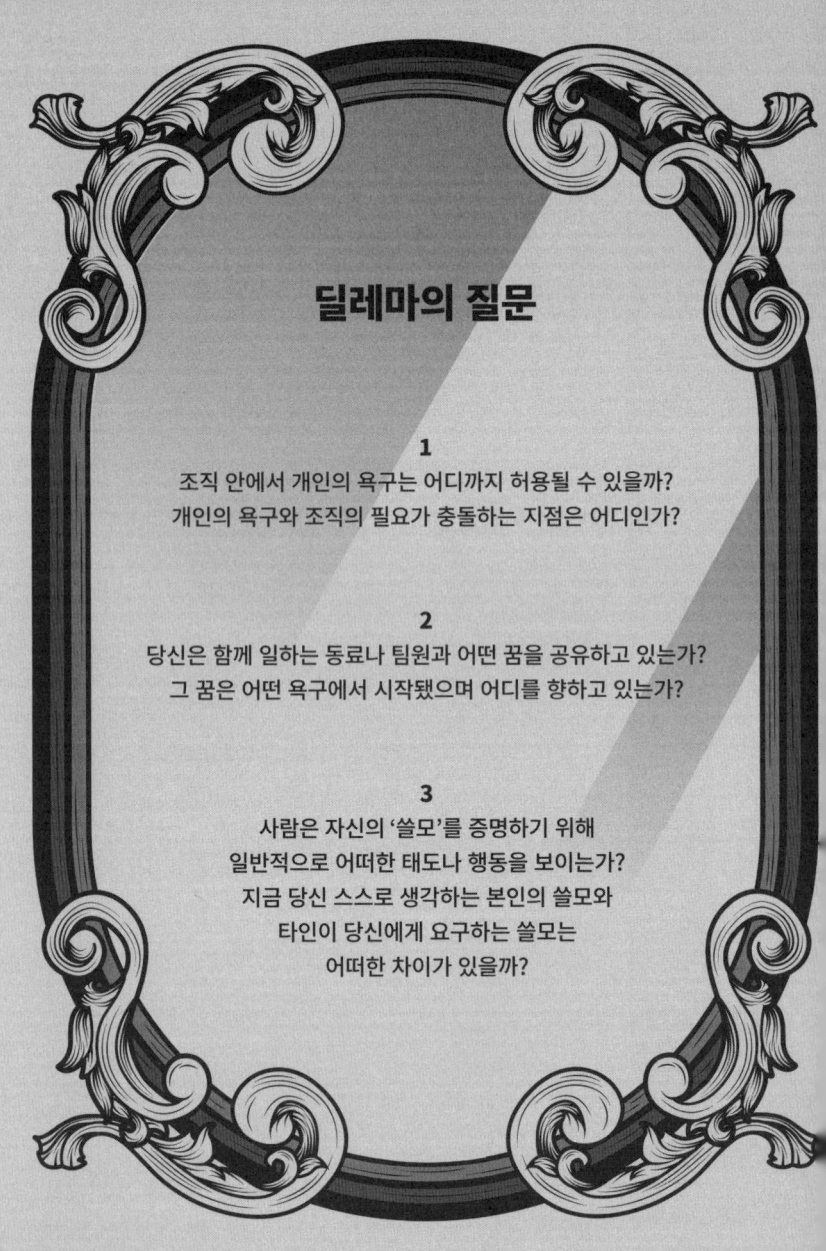

딜레마의 질문

1
조직 안에서 개인의 욕구는 어디까지 허용될 수 있을까?
개인의 욕구와 조직의 필요가 충돌하는 지점은 어디인가?

2
당신은 함께 일하는 동료나 팀원과 어떤 꿈을 공유하고 있는가?
그 꿈은 어떤 욕구에서 시작됐으며 어디를 향하고 있는가?

3
사람은 자신의 '쓸모'를 증명하기 위해
일반적으로 어떠한 태도나 행동을 보이는가?
지금 당신 스스로 생각하는 본인의 쓸모와
타인이 당신에게 요구하는 쓸모는
어떠한 차이가 있을까?

열두 번째 편지

딜 레 마 의

열 세 번 째

편

지

글쓴이 ㅣ 박지원

사랑하는 L에게

J가 너의 제안을 기쁘게 받아들이고 이전보다
훨씬 더 열정적으로 업무에 임하고 있다는 소식
잘 받아 보았다. 그 덕분에 옆에 있는 다른 팀원들도
덩달아 네 지시를 더욱 성실히 따르게 되었다는 것이
내겐 더 고무적인 소식이구나.

인간이 가지고 있는
욕망은
한계를 모르고
끊임없이 번식하며
전염된다는 특성을
가지고 있지.

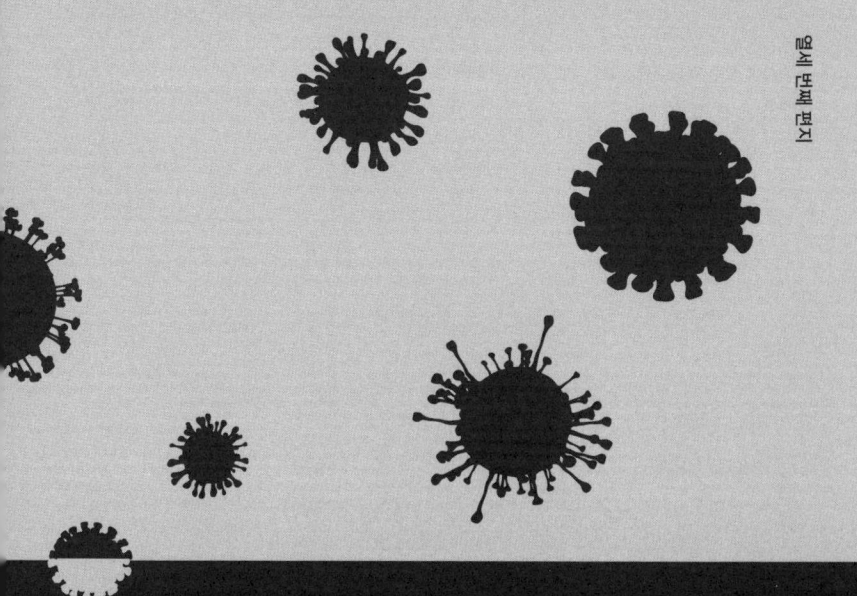

열세 번째 편지

그동안 자신의 욕망을 면밀히 들여다보지 못했던 사람들도 바로 내 옆에 있는 사람의 욕망이 현실이 되는 순간, 자신의 욕망을 점검하며 불을 지피게 되는 게야. 그렇기 때문에 조직 안에서 몇몇 사람들의 욕망을 현실로 만들어 보여 줄 필요가 있는 거다. 욕망이 실현되어 만들어진 현실이 그동안 경험해 온 일상의 삶을 압도할 정도로 강력하여 누구에게나 매혹적으로 느껴질수록 좋다. 그러면 사람들은 그들이 꿈꾸는 세계로 조금이라도 다가가기 위해 지금 현실에서 제시되는 규율과 원칙을 따를 수밖에 없지. 흥미롭게도 사람들은 이 과정에서 '모두 동일한 명령에 복종하면서도 각기 자신의 욕망에 따르고 있다는 확신'을 갖게 된다. 성공을 위한 집단의 강력한 분위기와 질서는 이렇게 만들어지는 거야. 그래서 스탠리 쿠니츠(Stanley Kunitz)라는 시인은 '삶의 원동력은 첫째도 욕망, 둘째도 욕망, 셋째도 욕망'이라고 했지.

그런데, 많은 사람들이 자신의 꿈을 좇는
방식과는 조금 다르게 반응하는 녀석들이 있지.
그들이 가지고 있는 욕망은 그동안 네가 봐왔던 사람들의
그것과는 좀 다르다. 정확히 말하면 성취하고자 하는
목표가 다른 것이지. 그들은 남들보다 더 많은 월급이나
높은 지위를 꿈꾸지 않는다. 이런 부류의 사람들은
자신의 지위가 높아지고 더 많은 권한을 갖게 되는 것을
오히려 부담스러워 할 확률이 높다. 이들은 가능한
조직 안에서 자신이 드러나지 않는 것이 이상적이라고
생각하지. 가능한 자신이 하고 있는 일을 남들에게
알리지 않으면서 조직 안에서 최소한의 역할을 하고자
하는 것이 그들이 원하는 바다. 다른 사람이 자신의 일에
개입하는 것을 극도로 경계하면서 전체 진행 상황과
앞뒤의 업무적인 연결을 고민하지 않고 일을 처리하지.
그들에게 일을 진행하는 기준이 되는 서로 간의 약속은
중요하지 않다. 그저 조직 안에서 튀지 않고 오랫동안
지금의 자리를 지키고 보전하는 것이 그들이 이루고자
하는 목표인 게다.

이러한 태도 때문에, 너와 같은 리더들은 그들을 무기력해 보인다고, 아니 실제로 그들이 무기력한 존재들이라고 생각할 것이다. 그들이 의욕이 없고 정체되어 있다고 판단하겠지. 하지만 천만에! 그들은 너나 J와는 조금 다른 모양새의 욕망을 가지고 있는 것이다. 사과 박스 안에 서로 다른 크기와 모양새로 담겨 있는 사과처럼, 어항 안에서 서로 다른 색깔과 생김새로 유영하는 물고기들처럼 말이야. 다만 각자가 가지고 있는 쓸모에 따라 그 쓰임은 완전히 달라질 수 있는 게지. 어떤 사과는 명절 선물 상자에 예쁘게 담겨 백화점으로 팔려 나가는 반면, 또 다른 사과는 땅에 버려져 썩어 버린다. 어떤 물고기는 큰 수족관에서 자신의 재주를 마음껏 뽐내는 반면, 또 다른 물고기는 며칠 동안 오염된 어항 속에서 방치된 채 죽음을 맞이하지. 인간이 가지고 있는 꿈과 목표는 존중받아야 마땅하다. 암 그렇고 말고. 하지만 각자가 가지고 있는 그릇에 따라 스스로의 운명은 당연히 달라질 수밖에 없는 것 아니겠어?

드넓은 바다에는
작은 멸치들도 바다

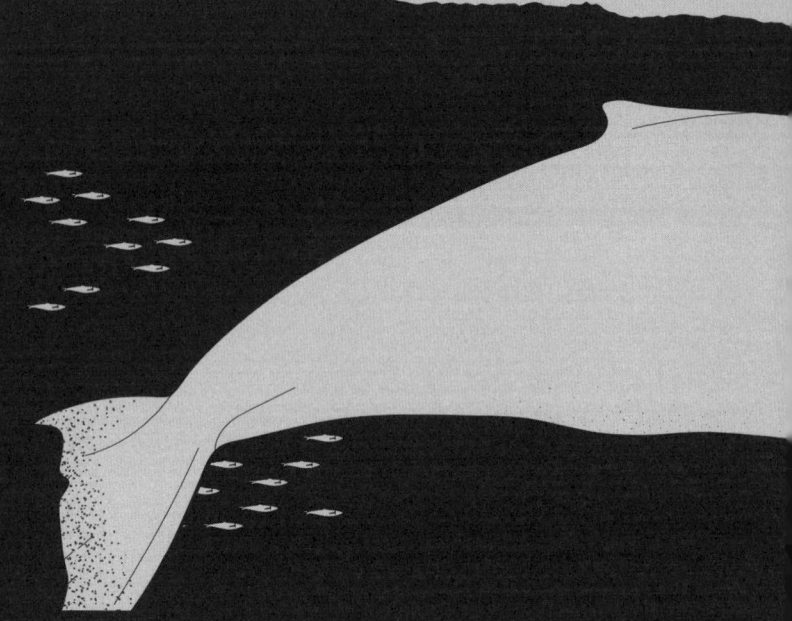

평소에 고래는 멸치 같은 것들을 신경 쓰며 살지 않는다.
더 큰 꿈을 향해 대양을 헤엄치는 것이 고래의 역할이지. 고래는 배가
고플 때 그저 입을 한번 크게 벌려서 작은 물고기들을 꿀꺽 삼켜 버린다.
멸치 같은 작은 물고기들의 존재 가치는 이런 상황에 있는 것 아니겠니?
자기보다 훨씬 큰 포식자의 먹이가 되어 그의 배를 채워 주는 것이 그들의
역할이자 받아들여야 할 운명이란 말이다. 생태계란 잘 조직되어 있는
거대한 시스템이라 만일 멸치 같은 작은 물고기가 모두 없어진다면 결국

사는 것이 아니다.
뭐리가 있는 것이지.

역시 덩치 보지

고래도 배를 굶주리고 말 것이다. 고래가 고래일 수 있는 이유는 어쩌면
그와 같은 크기의 바다 동물이 없기 때문이기도 하지. 수없이 많은 작고
약한 동물들이 함께 있기에 고래는 자유롭게 여기저기 헤엄칠 수 있고
그 막대한 에너지를 유지할 수가 있는 게야. 조직 안의 생태계도 이와 같다.
A급 인재가 A급이라고 여겨질 수 있는 이유는 B급, C급 인재가 주변에
함께 있기 때문 아니겠니?

따라서, 그들의 꿈이 네가 가진 것과 비교해
보잘것없다고 꿈이 아니라고 이야기해서는 곤란하다.
그들이 '안분지족'하고자 하는 꿈을 무시하지 말고
존중해 주거라. 그리고 그들이 새로운 모임을
가지기보다는 익숙하고 편한 사람들만 만난다는 것을
기억해라. 그들이 말하는 조직이나 상사에 대한 불만에
공감을 표시해 주면서 너 역시 추가적인 가십거리를
공유한다면 그들은 네게 특별한 유대감을 느끼게
될 게야. 이런 방식으로 그들과 전략적으로 친분을
유지하면서 자연스럽게 너의 능력과 지위가 돋보일 수
있도록 만들어라. 그들은 평소에도 자신이 드러나는
것을 원하지 않고 특별한 고민과 판단 없이 지시를
그대로 이행하는 것을 편하게 생각하니,
곧 너의 순종적인 오른팔이 되어 줄 것이다.

어떤 사람과 욕망의 크기가 다르다고 해서
그의 쓸모를 등한시하진 말아라. 그의 욕망을 존중해
주고 그가 가진 그릇의 크기에 맞추어 눈높이를 조절해
주는 약간의 배려를 한다면 언젠가 그가 네게 좋은
쓸모가 되어줄 게야. 혹시나 너의 배려에도 불구하고
그가 네게 존중을 표시하지 않는다고 해서 언짢게
생각할 필요는 없다.

고래가 멸치의 생각을
굳이 알아야 할 필요는 없지.
멸치가 건방을 떨어 봤자
**거대한 바다에서
전혀 티가 나지 않을 테니까.**

게다가 그들은 네가 아니더라도 본인을 감추기 위해 스스로 피해야 할 천적들이 많아 네게 대항할 생각조차 하지 못할 것이다. 적당히 그들을 필요에 맞게 다루다가 어느 순간 뱃속으로 삼키면 그들은 그 뱃속이 원래부터 있던 자신의 자리인 줄 알고 적응해 갈 것이다.

편집장의 딜레마

사람의 존재 이유는 각자 다르다는 것을
기억하렴. 조직에는 자신의 성장을 고민하며 스스로
가치를 높이기 위해 애쓰는 너와 같은 A급 인재가
반드시 필요하지. 하지만 A급 인재의 우월한 능력과
기여, 헌신을 더욱 돋보이게 해 주기 위해 존재하는 B급,
C급 인재도 꼭 필요하단다. 새로운 것을 배우기 꺼려 하고
문제 해결보다는 문제를 어떻게 처리할지를 고민하는
이들은 조직을 운영하는 데 반드시 필요한 존재들이다.
그래야 조직의 규율과 질서가 유지되는 법이거든.

조직 안에서 다양한 사람들을 수용한다는
것은 각자의 욕망을 수용하는 것이라고도 할 수 있지.
네가 이를 통해 리더로서 더 큰 성장을 할 수 있길,
나는 늘 응원한단다.

그럼 오늘도 승리하렴.

너를 아끼는 Dilemma

딜레마의 질문

1
조직 안에서 대다수의 사람들이 가지고 있는 욕망은 무엇인가?
그 욕망은 현실에서 어떻게 드러나는가?

2
조직 안에서 자신을 숨기고 타인의 기대나 요청에
그저 수동적으로 반응하는 사람들이 있는가?
그 사람들을 현재 우리 조직은 어떻게 바라보고 있는가?

3
조직 안의 구성원을 A Player, B Player, C player 등으로
구별하는 것은 반드시 필요한가?
필요하다면, 그 기준은 무엇이어야 하는가?
필요하지 않다면,
조직에서 다양한 사람들을 수용하는 바람직한 모습은
어떠한 모습이어야 하는가?

딜레마의

열 네 번 째

IV 편지

사랑하는 L에게

내가 다른 사람의 욕망을 존중해 주라고 했다고, 쓸데없이 회의 시간에 팀원들의 사소한 의견까지 듣고 앉아 있으라는 뜻이 아니었다. 아무런 득이 될 것이 없는 그들의 의견과 목소리에 소중한 시간을 낭비하다니…. 이제 좀 똑똑하게 일을 한다 싶었는데 넌 아직 멀어도 한참 멀었구나. 그렇게 하나하나 팀원들의 이야기를 들어주다가는 정작 네 중요한 일을 놓치게 될 거다. 게다가 팀원들은 너를 아주 쉬운 사람으로 판단하겠지. 사람은 누군가 자신의 이야기를 친절하게 들어주면 단단히 착각을 하거든. 이야기를 들어준 사람과 자기 자신과의 사이가 조금 더 가까워졌다고 말이야.

무례함은 이렇게 사이가 가까워지는 것에서부터 시작되지.

열네 번째 편지

　그 사람과 내가 가까워졌기 때문에 어느 정도 선을 넘어도 된다고 생각을 하게 되거든. 사람이 그런 착각을 하게 되면 상대방에 대한 예의를 잊어버리고 만다. 아무짝에도 쓸모없는 이야기를 들어준 것에 대해 감사와 존중을 나타내야 함에도 불구하고, 오히려 인간은 지켜야 할 선을 무시하며 불경스럽게 행동하지. 네가 만일 작은 실수라도 해 봐. 팀원들은 네 뒤에서 널 웃음거리로 만들 게 분명할 걸? 아니, 어쩌면 많은 사람들 앞에서 널 대놓고 망신을 줄지도 모르지.
그러니 괜히 팀원들의 개인적인 고민이나 이야기를 들어주지 말거라. 그들이 너와의 사이가 가까워졌다는 착각과 오해를 가지게 되니까 말이야. 팀원들과의 적당한 거리가 리더를 리더답게 만드는 데 도움이 되는 법이지. 그러니 평소에 팀원들의 의견에 큰 관심이나 흥미를 보이지 말거라. 때로는 아무런 설명도 없이 팀원과의 미팅에 늦거나 일찍 떠나는 것도 괜찮다. 어쩔 수 없는 상황으로 팀원과의 이야기가 길어지면 도중에 문자를 확인하거나 다른 사람과 전화 통화를 하면서 주의를 분산시키는 법도 효과적이지. 네가 지속적으로 이렇게 대응을 하면 팀원들은 굳이 널 귀찮게 만들지 않을 게야.

이런 대응 방식이 혹시나 '나를 더 어려운 상황에 빠뜨리는 것은 아닐까' 하는 생각이 들지도 모르겠구나. 특히나 너희 회사에서 간혹 진행되는 360도 리더십 평가에서 팀원들이 네게 나쁜 점수를 주게 되면 너도 조직 안에서 입장이 난처해지겠지. 하지만 걱정은 접어 두거라. 내게 좋은 전략이 있으니까.
먼저, 네 윗선에서 리더십 평가 시행에 대한 이야기가 조금씩 들려올 무렵부터 매일매일 팀원들과 순차적으로 '일대일 미팅'을 실시하거라. 이 미팅의 목적은 의견 교환이 아님을 명심해라. 네가 가지고 있는 힘과 능력을 팀원들에게 잘 알려 주고, 조만간 예정된 리더십 평가에서 너의 팀이 좋은 성적이 나와야 팀 분위기가 원활하게 돌아갈 수 있음을 그들 스스로 깨닫게 만드는 것이다. 새롭게 직책을 맡기거나 떼어낼 수 있으며, 높은 인센티브를 주거나 아예 주지 않을 수도 있고, 밑에 사람을 붙여줄 수도 또는 아예 해체시켜 버릴 수도 있음을 상기시켜 주어라. 동시에 조직 안에서 개인의 성공은 '감사'에서부터 나오고, 훌륭한 팀워크는 팀원 각자의 '희생'에서 나옴을 강조해라. 그러면서 이번에 예정된 리더십 평가가 평소 너희 팀이 얼마나 감사와 희생을 생각하며 살아가고 있는지를 나타내는 지표가 될 수 있음을 힘주어서 이야기해라. 주의해야 할 것은

이런 이야기를 나눌 때 부탁이나 요청의 느낌으로
들리게끔 해서는 안 된다. 항상 품위를 유지하면서
단호하고 확신에 찬 어투로 말하여 네가 모든 상황을
통제하고 있다는 느낌을 팀원들이 가지도록 해야 한다.

      이와 같이 일대일 미팅을 진행하면서
팀원들과 다 같이 모일 수 있는 워크숍 자리도 마련해라.
일대일 미팅이 팀원들 각자의 의무와 책임을 확인하고
강화하는 자리라면 이 자리의 목적은 그들의 실제
선택에 영향을 주는 것이다. 너와의 일대일 상담에도
불구하고 아직까지 마음을 잡지 못하고 '순진하게'
리더십 평가에 참여하려는 몇몇 팀원들의 마음에 불을
지피려는 것이지. 이를 위해 평소 너를 잘 따르는
충성스러운 직원들에게 사전에 작은 역할을 맡겨라.
의도적으로 우리가 계획한 일대일 미팅과 워크숍이
얼마나 귀찮은 일인지 다른 팀원에게 전달하도록
만드는 거야. 그리고 어차피 회사의 리더십 평가 결과는
늘 제대로 현실을 반영하지 않는다고 말하도록
지시해라. 순진하게 평소의 생각대로 평가 내용을
작성했다가 나중에 솔직하게 쓴 사람이 누구인지
드러날 수밖에 없다고. 결국, 그 사람은 조직 안에서
영원히 사장될 수밖에 없다고 말이야.

너도 알다시피
조직은
지금의 상태를
바꿀 마음이 없다.

실제로 리더십 평가도 암묵적인 관행일
뿐이지. 명목상으로 평가 결과가 좋지 않은 리더에게
경고를 주거나 기껏해야 한두 명 정도 교체할 뿐,
그래 놓고 그 자리에 비슷한 부류의 사람들을 또 채워서
앉히지 않느냐. 어차피 네 위의 리더들도 지금 현재
자신의 지위를 지키고 영향력을 강화하기 위해서는
실리적으로 자신의 철학과 생각에 부합하는 파트너가
필요하지. 그러니 매번 자기의 방패막이를 할 수 있는
사람을 찾아 자기 밑에 기어코 놓아두는 게 아니겠어?
이런 상황에서 네가 팀원들에게 제대로 된 현실을
알려 주는 건 오히려 팀원들 입장에서 고마워해야
할 일이다. 아무것도 모르는 순진한 어린 아이들 마냥
그들이 현실이 어떻게 돌아가는지도 모르고 무분별하게
조직 안에서 튀는 행동을 할 수도 있었으니까 말이야.

팀원들과 적당한 거리를 유지하면서도 상황에 따라 제대로 된 행동을 할 수 있도록 가이드해 주는 일은 여간 어려운 일이 아니다. 팀원들이 좀 알아서 하면 좋으련만, 아쉽게도 그들이 너를 더 현명하게 서포트 하기 위해서는 좀 더 많은 경험과 배움이 필요해 보이는구나. 따라서 네가 그들을 좀 더 탁월하게 '길들일' 필요가 있다. '길들인다'는 것과 관련해 '어린왕자'에 아주 유명한 이야기가 하나 나오지. 여우와 어린왕자의 만남에서 여우는 어린왕자에게 길들임의 중요성을 다음과 같이 가르쳐 준단다.

"넌 아직까지 나에게는 다른 수많은 꼬마들과 아주 비슷한 꼬마에 지나지 않아. 그러니 난 너를 필요로 하지 않아. 그리고 너 역시 나를 필요로 하지 않지. 너에겐 내가 다른 수많은 여우와 비슷한 한 마리의 여우에 불과해. 그러나 만일 네가 나를 길들이면 우린 서로를 필요로 하게 될 거야. 나에게 있어서 너는 세상에 하나밖에 없는 존재가 될 거고, 너에게 있어서는 내가 세상에 하나밖에 없는 존재가 될 거야…."

우리의 삶은
우리가 길들인
현실의 집합이라고
할 수 있지.

'내가 무엇을 길들였고 그와 어떤 필요를 나누고 있는가'에 대한 답이 지금 나라는 존재를 보여준다. 네가 고작 팀원 몇몇을 길들이지 못하고 그들과 어떠한 필요도 나눌 수 없다면 네가 15년 가까이 버텨 온 조직 생활은…. 글쎄, 어떤 의미가 있을까?

서로가 진정으로 의존하고 있다는 것은 **서로에게 완벽하게 길들여졌다는 뜻이겠지.**

앞으로도 계속 나에게 있어서 L 너는 세상에 하나밖에 없는 존재가 될 거고, 너에게 있어서 나는 세상에 하나밖에 없는 존재가 되어야 한다. 계속해서 나를 필요로 하고 나를 의존하는 네가 되길 난 간절히 원한단다. 너 역시 팀원들에게 그런 존재가 되렴. 팀원들이 계속해서 너를 필요로 하고 너에게 의존하도록 말이야.

그럼 오늘도 승리하렴.

너를 아끼는 Dilemma

딜레마의 질문

1
리더와 구성원 사이의 적당한 거리는 어느 정도일까?
둘 사이의 거리에 영향을 주는 요인은 무엇인가?

2
함께 일하는 장면에서 우리는 서로를 어떻게 길들이고 있는가?
각자가 만들고 있는 무언의 압력은 어떤 것들이 있을까?

3
내가 스스로 옳다고 생각하는 신념이
당연하다고 믿는 상식은 어디서부터 온 것일까?
그것은 타인에게도 늘 옳고 당연한 명제인가?
만일 그렇지 않다면,
그러한 신념과 상식은 무엇 때문에 길들여진 것일까?

딜레마의

열다섯 번째 X

V 편지

사랑하는 L에게

생각보다 J라는 녀석이 네 뜻대로
잘 길들여지지 않고 있는 모양이구나. 얼마 전 네가
J와 일대일 상담을 할 때 네가 '이니셔티브(Initiative)'를
가지고 일을 했으면 좋겠다고 녀석에게 말하는 것을
들었다. 네가 어떤 뜻에서 그러한 말을 사용하였는지
모르겠지만, 사실 그 말은 오해를 사기에 충분하지.
자칫 잘못하면 '본인이 스스로 판단할 뿐만 아니라
선택과 결정까지도 본인이 직접 해도 괜찮다'고 생각할
수 있거든. 뭐 물론, J가 네가 추구하는 가치에 동조하고
네 명령에 순응하며 너의 의도에 부합하는 방향으로
알아서 판단하고 행동한다면 나쁠 건 없을 게다.
문제는 네가 원치 않는 방향으로 J가 스스로 판단하고
행동했을 때이지.

인간이 스스로 판단하고 행동하는 것을
우리가 경계해야 하는 이유는 누군가가 독자적으로
판단하고 행동하게 되면 그를 길들이기 어렵고 결국
그로 인해 팀의 결속에 부정적인 영향을 주기 때문이다.
연속되는 선택 속에서 자신의 가치 기준을 발견하고
원칙도 생겨나게 되지.

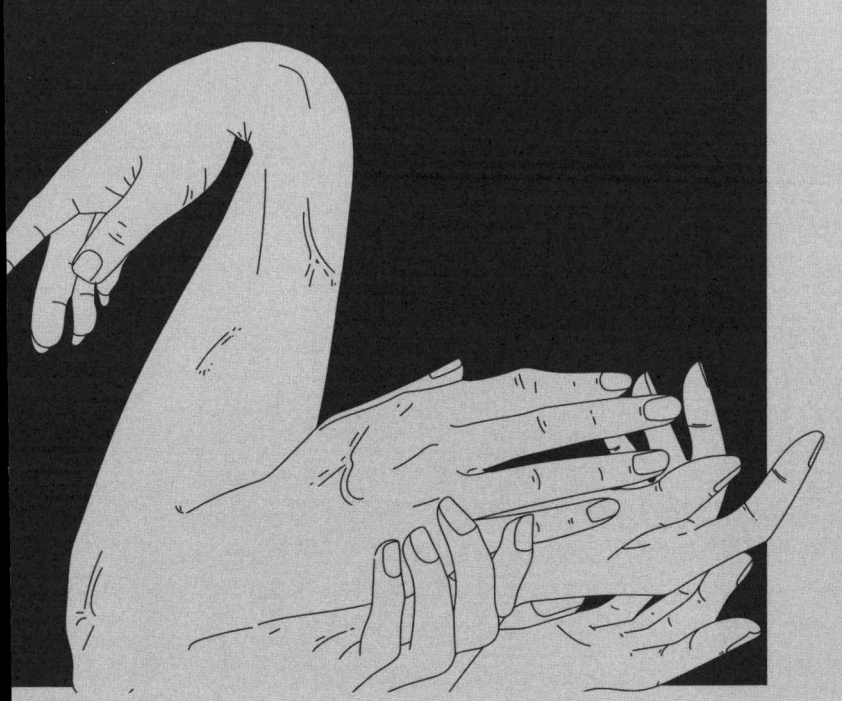

자신의 기준과 원칙이
명확해질수록
인간은
점점 완고해진다.

게다가 그 사이 작은 성공을 몇 차례 경험한다면
자신의 원칙에 대한 신념은 더욱 강해져서 다른 사람의
이야기는 그에게 잘 먹혀들지 않을 것이다. 이런 태도는
금방 전염이 되어 조직 안에서 또 다른 사람이 자신의
생각을 강하게 주장하게 되고 허용되기 어려운 사항을
요구하게 만들 게다. 구성원의 선을 넘는 건방진 행위가
조직 안에서 자주 발견된다면 한번 점검해 보아야 한다.
조직에서 이야기하는 '이니셔티브'를 서로 다르게
이해하고 있는 것은 아닌지 말이야.

조직에서 이니셔티브, 곧 주도권을 사람들의
'책임감'에 방점으로 찍어서는 곤란하다. 만일 그렇게
된다면 사람들은 스스로 문제를 정의하고 자신만의
대안을 제시하여 조직이 가지고 있는 이슈는
더 복잡해지고 결정은 어려워질 게다. 그리고 자신의
영향력을 넓히려는 욕심이 그득한 인간들이 언제든
기회를 틈타 조직을 자신의 수중에 두기 위해 야욕을
부리겠지. 아마 그들은 미션과 리더십, 리스크 방지와
문제해결이라는 명목으로 자신의 영향을 발휘하려
들지도 모른다. 언제든 자신의 존재감을 과시하려는
것이 인간의 본질적인 욕망 아니겠니? 물론 모든 욕망이
그릇되거나 수용돼서는 곤란하다고 말하는 것은 아니다.
아니, 너도 알다시피 난 오히려 그 욕망에 기름을 붓고
그것이 곧 현실이 되도록 도우며 그들의 옆에서 함께
낄낄거리며 웃는 것을 좋아하지.

내가 경계하는
인간의 욕망은
**'자아실현을 뛰어넘어
현실의 제약과 모순을 뛰어넘고
통합을 이루고자 하는 욕망'이다.**

불가능한 것을 끌어안고 끊임없이 고통을 느끼는 것만큼 어리석은 건 없지. 이기적인 사람이 이타적이 되는 것, 차갑고 모진 사람이 따뜻하고 부드러운 사람이 되는 것, 남을 이용하고 속이는 세상이 서로를 도와주고 신뢰하는 세상으로 변모할 것이라고 기대하는 이러한 욕망들이야말로 아주 어리석은 허욕(虛慾)으로 볼 수 있다. 이러한 욕망을 가지고 있는 자들은 그저 자신의 욕심을 미화하기 위해 고상함과 아름다움을 이용하는 것이지.

너와 나는 이러한 인간의 간교한 욕망을 파악하여 그들이 현실의 제약에 맞서면서 불필요한 고통을 경험하는 것을 막아야 한다. 굳이 경험하지 않아도 좋을 고통을 사전에 차단함으로써 그들이 더욱 현실의 역할에 집중할 수 있도록 도와주는 것이지. 이를 위해 가장 좋은 방법 중에 하나는 '의무감'을 강조하는 것이다.

기억하거라.
책임감이 아니다.
의무감이다.

사람이 '책임감'을 가지게 되면 단순히 일을 수행하는 것에 그치지 않고 그 일의 과정과 결과에 꽤 많은 신경을 쓰게 되겠지. 일이 잘못되었다면 왜 잘못되었는지 어떠한 과정을 바로잡아야 하는지 그래서 원하는 결과를 어떻게 이끌어 낼 수 있는지를 고민하고 있다면 책임감을 가지고 일을 하고 있다고 말할 수 있을 게다. 반면 '의무감'은 자신이 맡은 일만을 제대로 하는 것과 관련이 깊지. 다른 영역을 신경 쓸 필요 없이 내가 특정 상황에서 규정과 절차에 맞게 일을 진행했는지 적절한 반응과 행동을 보였는지를 따지게 된다면 의무감을 가지고 일을 하고 있다고 할 수 있다.

책임감으로 일을 한다는 것은 상당히 피곤한 일이지. 자신이 맡은 일만 잘 신경 쓰면 될 것을 굳이 이것저것 다른 과정까지 관여하면서 불편한 갈등과 다툼을 낳으니 말이야. 그뿐이냐. 잘못된 것을 바로잡아야 한다는 생각에 새로운 것을 시도하다가, 주변 동료들로부터 눈총은 눈총대로 받고 상사에게 싫은 소리 들으며 결국 '까다로운 사람', '별난 사람'으로 취급받기 딱 십상이지. 우리가 의무감에 더욱 충실할 때 이런 우려는 줄어들 수 있다. 잘못된 원인을 분석하거나 절차를 어떻게 개선할지 고민하면서 머리 아픈 문제에 온 신경을 쓰기 보다 책임소재를 따지는 것이 훨씬 쉬운 일 아니겠니?

대부분
조직 안에서 한 개인은
**전체 중에 일부만을
수행하는 것 뿐**이다.

열다섯 번째 편지

　　개인이 책임감을 가지고 덤벼든다 한들 거대한 조직을 상대로 기존의 방식을 수정하는 것은 거의 불가능한 일이지. 그러니 그저 내가 해야 할 일에만 집중하는 것이 낫다. 모두가 다 각자의 의무에 충실하다면 조직은 지금보다 훨씬 행복해질 수 있을 게다. 불필요한 에너지를 낭비하는 고통과 갈등이 일어나지 않을 테니 말이야.

　　J라는 녀석에게도 의무감을 강조해 주면 좋겠구나. 그는 아직 어리고 자신의 삶을 중요하게 여기는 편이니, 그에게 의무감을 '마땅히 해야 할 도리'로 설명하기보다는 '삶을 여유롭게 가꾸기 위한 직장 생활의 노하우' 정도로 이야기해 주면 어떨까 싶다. 지금보다 조금 더 의무에 충실한다면 그렇게 힘들지 않게 조직 생활을 할 수 있다고 말이야. 굳이 그렇게 힘들이지 않아도 성공은 늘 다른 방식으로 따라온다고 말이야.

　　사람이 의무감으로 행동하고 있는 한 어떠한 욕을 먹더라도 전혀 아무렇지 않을 수 있다는 것을 명심하거라.*

그럼 오늘도 승리하렴.

*윈스턴 처칠의 말을 변형하여 적용함

너를 아끼는 *Dilemma*

231

딜레마의 질문

1
기준과 원칙이 명확하면
완고하고 고집스럽다고 이야기할 수 있을까?
신념과 태도는 서로 어떻게 영향을 주고받는가?

2
'의무감'으로 일하는 것과 '책임감'으로 일하는 것은 어떻게 다른가?
업무 특성이나 상대에 따라서도
각기 다르게 발현될 수 있을까?

3
거대한 조직 안에 있는 개인은
어떻게 변화를 추구할 수 있을까?

열다섯 번째 편지

딜레마의

열여섯 번째 X

VII 편

지

사랑하는 L에게

　　　　최근에 팀원들의 실수로 인해 네 상사에게
싫은 소리를 들어야 했다는 소식이 들리더구나.
아침부터 상사의 다그치는 소리를 듣는 일은
직장 생활을 아무리 오래 했다고 하더라도 적응하기
어려운 부분이지. 게다가 네가 직접 팀원들에게 일을
지시한 것도 아닌데 상사가 오직 너의 잘못만을
추궁한다면 네 입장에서는 당연히 억울한 마음이
들 게야. 게다가 계속되는 재택근무로 인해 팀원들
각자가 진행하고 있는 업무 커뮤니케이션을 네가
모두 관리하기란 더 어려운 시기 아니냐. 이럴 때일수록
리더인 네가 팀을 통제하고 있지 못한다는 느낌을
네 상사에게 주게 되면 너는 상당히 불리한 상황을
맞게 될 게다. 각자 다른 장소에서 일을 하고 있는
상황이지만 그런 제약과 상관없이 함께 있을 때와
마찬가지로 충분한 성과를 만들어 내고 있다는 것을
보여 주어야 하지.

열요섯 번째 편지

　　　　이를 위해 먼저 네 팀원들이 현재 일을 할 때
어떠한 것을 기준으로 결정하고 행동하는지를 면밀하게
살펴보아야 한다. 같은 조직 안의 구성원들이 다 같은
기준으로 자신들의 행동을 결정할 것이라고 생각하는
것은 큰 오산이다. 하나의 단어만 주어져도 사람들은
자신의 경험에 근거해 각자의 해석을 하고,
자신의 믿음과 신념으로 판단을 하기 때문이지.
따라서 특정 상황에서 예측 가능한 행동을 하고 업무를
추진하게 하려면 먼저 우리가 같은 기준을 공유하고
있는지를 점검해야 한다. 만일 공통의 기준을 갖추고
있다면 리더는 팀원이 어떠한 행동을 하고 결정을
내릴지 어느 정도 예측할 수 있을 테니 말이야.
그리고 그것으로 이후에 리더가 영향력을 행사할 수
있는 명분도 되고 말이지.

사람은 조금씩 다른 잣대와 기준을 가지고 있는데, 어떤 사람은 자신의 내적 기준으로 판단을 한다. '이 결정은 과연 옳은가? 내가 원하는 바람직한 모습과 일치하는가?' 이런 질문을 던지고 스스로 가치 판단을 하는 것이지. 너도 느끼다시피 조직 안에서의 이런 판단은 상당히 위험하다. '옳은 것'이란 자신의 신념에 따라 늘 상대적인 것이거든. 나에게 옳은 것이 타인에게 늘 옳을 수는 없는 법이지. 이런 판단 방식은 조직 안에서 불필요한 갈등과 논쟁을 불러일으키기 십상이다.

열여섯 번째 편지

또 어떤 사람은 '소속감과 조화'라는 기준으로 판단을 한다. 다른 사람의 생각과 의견을 존중한답시고 공통의 합의를 이끌어 내는 데 귀중한 시간을 쓰곤 하지. 최대한 많은 이해관계자들의 동의를 구하며 절차적인 공정성을 따지기도 한다. 일을 진행하는 데 소요된 불필요한 비용과 시간은 굳이 언급하지 않겠다. 이런 식으로 일을 진행했을 때 어떤 일이 일어났는지 기억을 한 번 떠올려 보거라. 어설프게 주어진 권리는 늘 사람을 탐욕스럽게 만든다. 누군가를 존중하는 마음으로부터 시작된 질문과 확인의 과정이 감사라는 반응으로 돌아오면 좋겠으나 그런 일은 거의 잘 일어나지 않는다는 걸 너도 잘 알고 있을 게다. 얼마 전, 사무실 자판기에 어떤 음료수를 비치할 것인지에 대한 직원 설문조사 이후, 원하는 음료수가 선택되지 못한 탓에 자신의 권리 박탈을 주장하여 사내 게시판에 한바탕 난리가 났던 일을 기억하지? 그저 담당자 선에서 선택하고 마무리되어도 그만이었을 일을 직원들의 동의를 구한답시고 설문을 진행해서 오히려 된서리를 맞았지. 이처럼 조화라는 목적으로 어설프게 제공되는 친절과 배려는 의도와는 상관없이 비판과 불만으로 돌아오게 되는 법이다.

리더의 편집

따라서 너는
'내적 올바름'이나 '소속감'과
다른 기준을 팀원들에게 제시
그 기준을 강화해야 한다.
바로 '효율성과 성공'이라는

리더인 너뿐만 아니라 팀원들 모두가 회사가 제시하는 전략 방향에 맞추어 어떻게 목표를 이룰 수 있을지, 성과 지표를 어떻게 하면 가장 빠르게 성취할 수 있을지를 함께 고민해야 한다는 말이다. 이 기준에 맞춰 너는 팀원들의 '능력'을 수시로 판단해야 한다. 수평적인 조직문화에서 '수평적'이란 의미는 리더와 팀원들이 동일한 시선으로 문제를 바라본다는 것이지. 같은 시선으로 문제를 바라보려면 어떻게 해야 할까? 너 못지않게 팀원들에게도 확실한 전문성이 있어야 한다. 역량이 부족한데 어떻게 같은 시선으로 문제를 바라보고 논의할 수 있을까? 전문성을 갖춘 팀원이 리더와 동일한 시선에서 문제를 탐색하고 해결 방안을 논의할 수 있을 때 비로소 수평적인 열린 대화가 가능한 법이지. 능력이 부족하면 필히 누군가에게 종속될 수밖에 없다.

화'와는

말이야.

　　　　만일 팀원 중에 능력이 부족하거나 또는 자신의 역할을 감당하기 어려워 보이는 팀원이 있다면 어떻게 해야 할까? 단호하게 말하지만, 굳이 그가 일을 스스로 수행할 수 있을 때까지 기다려 줄 필요 없다. 네가 직접 그들의 일을 맡아 주거라. 숟가락질도 못하는 그들에게 네가 친절히 밥을 떠먹여 주란 말이다. 그럴수록 그들은 너를 의존하게 될 테니…. 네가 얼마나 상세하게 그 일을 꿰뚫고 있는지, 네가 그 일을 얼마나 능숙하게 잘 해낼 수 있는지 너의 팀원들에게 보여 주어라. 너의 탁월한 전문성으로 네 팀원을 복종시켜라. 그들은 차마 범접할 수 없는 너의 유능함을 통해 모든 것이 순조롭고 매끄럽게 흘러가는 것을 바라보며 자연스레 너를 따르고 네 지시에 순종하게 될 것이다. 어쩌면 실제로 그들은 수평적인 조직문화를 원하기보단 리더의 수직적인 통솔 아래 명확한 지시와 통제를 원하는 것일지 모른다.

편집자의 말

누군가를 네 사람으로 만들고 너를 따르게 하기 위해서는 종종 그들보다 우월하다는 것을 보여줄 필요가 있다.

자고로 인간은
자신보다 강한 상대를
두려워하면서도

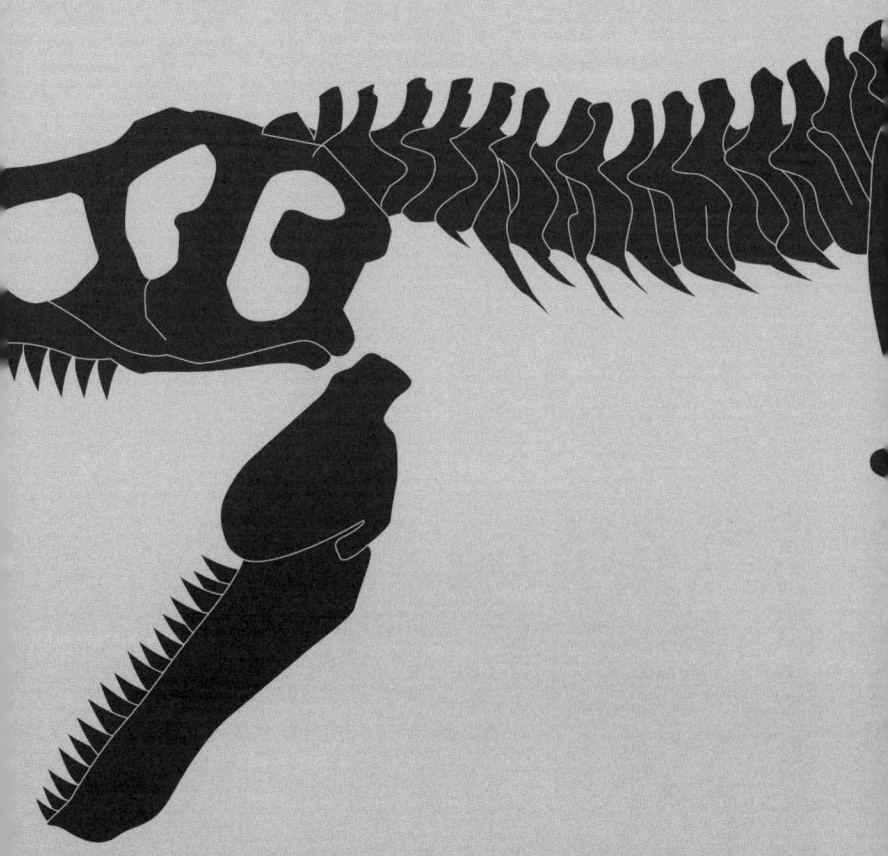

리더의 강함은 무엇보다 탁월함에서 나오는 것 아니겠니. 자신의 역할을 감당할 수 없는 것들에게 굳이 일을 시키려고 고민할 필요 없다. 구성원들을 위한 동기부여니, 임파워먼트니 하는 것들은 그저 비효율만 낳을 뿐이지. 그것들도 특정한 논리를 앞세워 결국 조직의 이익을 구하고자 조금 돌아가는 길일 뿐이다. 구성원들이 자신이 하고 싶어서 일을 하는 것처럼 착각하게 만들고 역할에 대한 책임을 그들 스스로에게 돌리려는 간교한 술책에 불과하단 말이다.

열여섯 번째 편지

실력도 있고 일에 대한 흥미도 있으면
좋겠지만 이 두 가지를 조화롭게 가지고 있는 사람은
생각보다 많지 않다. 실력이 있으면 조직에 대해
냉소적이어서 언제든 또 다른 곳으로 옮겨갈 기회를
엿보고 있는 것이 보통이지. 또 누군가 실력 없이
역할에 대한 흥미와 관심만 있으면 그가 하는 말과
행동이 어디로 불똥이 튈지 모르는 위험이 존재한다.
역할은 흥미로 주어지는 게 아니라 책임으로 주어져야
하지. 책임은 결국 '조직에 얼마큼 기여할 수 있는가'에
대한 답이 되어야 하지 않을까? 리더로서 네가 보일 수
있는 책임을 그들에게 보여 주렴. 네 팀원들보다
훨씬 우월한 네 능력으로 조직에 기여하는 것이란
무엇인지 그들에게 증명해 보이란 말이다.
그들은 네 모습을 통해 스스로 본인들의 부족함을
인식하게 되겠지. 그리고 자신의 무능력함을 발견하곤
두려워질 게다.

사람들이 가지고 있는 '에고(Ego)의 두려움'을 활용하는 것은 비즈니스뿐만 아니라 모든 관계에서 늘 효과적일 수 있음을 기억하렴.

네가 사람들이 가지고 있는 두려움을
이용하면 대부분의 사람들은 네게 동조하고 순종하게
될 것이다. 그런데 자신에게 존재했던 두려움과 야망을
발견하고 오히려 네게 스스로 욕망을 솔직하게 드러내는
일부의 사람들을 발견할 수 있을 게야. 너와 내가 할 일은
두려움 가운데 자신의 두려움을 발견한 용기 있는
사람들을 찾아내는 것이다. 다시 말해, 너와 함께 일하는
팀원들 중에 누가 정말 쓸모 있는 인간인지를 검증하고
그들이 수면 위로 떠오르게 하는 작업이지.
우리는 그들에게 기회를 주어야 한다. 자신의 두려움을
극복하고 욕망을 현실로 만들어 낼 수 있는 기회 말이다.
자신의 자아를 확장하고 책임을 수행하는 과정 속에서
인정과 성공, 부(富)라는 즐거움을 경험할 수 있도록
돕는 것이지.

인생에서 찾아오는 **즐거움**은
그 양이 한정적이라
누릴 만한 자격이 충분한 사람에게
주어져야 하는 법.

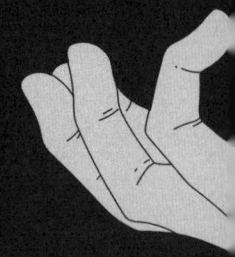

자신의 욕망을 용기 있게 드러내는 사람에게만 그 기회를 허락해
주어도 부족한데 굳이 자신이 원하는 것을 드러내지 않는 사람에게까지
주어질 필요는 없다. 사람이 자신의 진실된 본성을 이해하고 그것을
완성시켜 나간다는 것은 결국 '욕망을 어떻게 다루는가'에 대한 문제이지.
우린 그 욕망을 우아하게 다룰 수 있도록 도와주면 되는 것이란다.

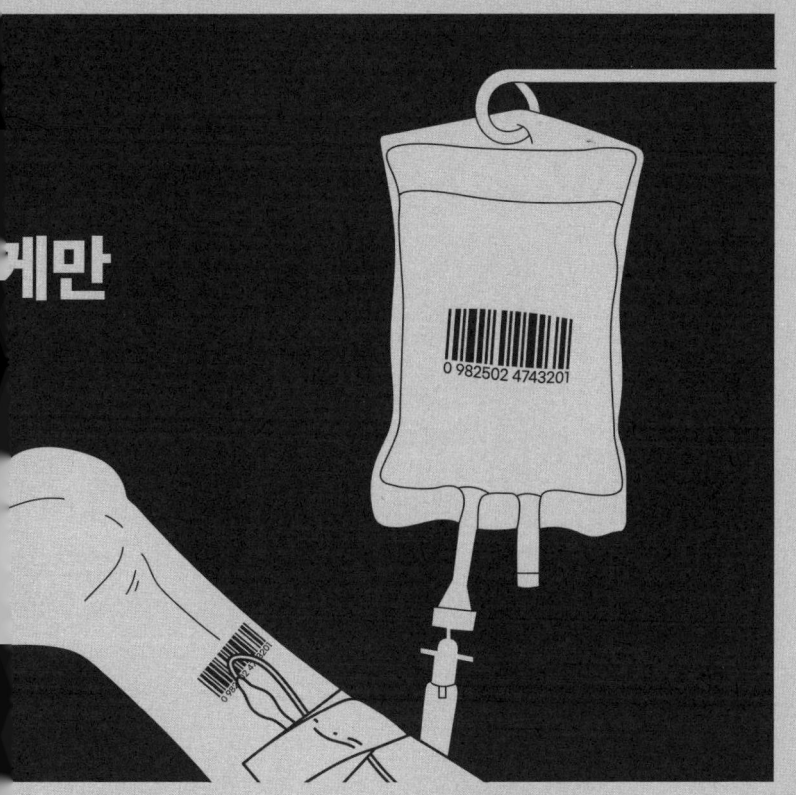

조직의 목표 달성과 성장은 늘 자신의 욕망을 제대로 다룰 줄 아는 사람들에 의해 움직인다. 팀원들에게 효율과 성공의 기준을 제시하며 그들이 어떻게 움직이는지 늘 주시하렴. 그리고 때로는 필요에 따라 너의 유능함으로 그들의 두려움을 이용하고 그들이 그 두려움에 대해 어떻게 반응하는지를 살펴보거라. 이러한 과정을 통해 너는 진짜 너의 사람을 발견하게 될 것이다.

그럼 오늘도 승리하렴.

너를 아끼는 Dilemma

딜레마의 질문

1
조직 안에서 판단의 기준이 '내적 올바름'이나
'소속감과 조화'가 될 수는 없을까?
만일 이러한 것들이 판단의 기준이 되기 위해서는
어떤 전제가 필요한가?

2
조직 안의 구성원들은 각자의 성장에 대해
어떤 두려움을 가지고 있는가?
그 두려움을 숨기기 위해 각 구성원들은
어떠한 행동이나 태도를 보이고 있는가?

3
우리 조직에서 '에고의 두려움'을 활용하여
사람들을 움직이고 있는 것은 무엇이 있는가?
그로 인해 조직 안에서 발견되는 현상에는
어떠한 것들이 있는가?

열여섯 번째 편지

딜레마의
열일곱번째

편

사랑하는 L에게

사람들이 얘기하는 유능함이란 뭘까?
특정한 전문 분야에 대해 막힘없이 술술 이야기할 수
있는 것? 어려운 용어를 써 가며 최신의 트렌드나 기술에
대해 장황하게 풀어놓는 것? 복잡하게 얽혀 있는
문제들에 그럴듯한 답을 제시하며 손쉽게 해결하는 것?
이처럼 사람들이 쉽게 접근하기 어려운 문제를
잘 다룰 때 우리는 그를 '능력 있다'고 이야기할 수
있겠지. 이럴 때의 능력은 '모호함을 명확함으로
바꿀 수 있는 힘'일 게다.

사람들은 모호한 것을
견디기 어려워한다.
**모호함은
두려움을 불러일으키지.**

      네가 아무것도 보이지 않는 어두운 공간에 홀로 우두커니 서 있게
되었다고 상상해 보거라. 어느 방향으로 가야 할지, 어디로 얼마큼 가야
출구가 나오는지 도저히 알 도리가 없다면 인간은 무기력해지겠지.
어둠 속에서 한 발짝 움직이는 행위 자체에 의미를 느끼긴 어려울 게다.
어떤 인간들은 두려움이라는 감정을 우리가 주입했다고 주장하기도 하지만
실은 두려움은 인간들 스스로가 만들어 낸 감정이다. 우리는 단지 명확함을
모호함으로 바꾸고 때로는 모호함을 명확함으로 바꾸기도 하면서 인간의
잠재력을 이끌어 내는 데 도움을 줄 뿐이지. 이 과정 속에서 자신의 상태를
두려움이라는 감정으로 치환하는 것은 전적으로 인간들의 선택이란 말이다.

인간들이 모호함보다 명확함을 좋아하는 것은
그것이 우리가 어디에 이르러야 하는지를 분명하게
보여 주고 우리가 얼마나 성취했는지를 확실하게 보여 줄
수 있기 때문이지. 따라서 우리가 하고 있는 많은 일들은
대체로 인간들이 좋아하는 명확함으로 그들을 서서히
무너뜨리는 일이다. 성과와 실적, 전략과 데이터,
시스템과 프로세스가 조직을 압도하게 만들면서 눈에
보이지 않는 것의 존재를 인식하지 못하게 만드는 것이다.
가시적인 증거들을 통해 자신의 위치를 확인시켜 주고
스스로의 쓸모를 증명하게 만들어서 그들에게 역할에
대한 의미와 보람을 선물해 주는 것이지. 명확하고
구체적인 상징과 증거들은 사람을 움직이는 강력한
동기부여니 말이야. 이런 동기가 주어졌을 때 사람들의
능력은 지속적으로 향상될 것이다. 칠흑같이 어두운
공간에 한 줄기 빛이 들어온다고 상상해 보거라.
비로소 사람들은 자신이 있는 곳과 이동 경로를
더 수월하게 발견할 수 있겠지. 어두움 가운데 있는
사람들을 특정한 방향으로 움직이려면 빛이 필요한 법.

능력 있는 전문가는
그러한 빛을 다룸으로
**사람들을
모호함에서 벗어나
명확함의 방향으로
이끄는 자**라 할 수 있다.

자, 여기서 한 발짝 더 나아가 궁극의 유능함을
이야기해 보자꾸나. 모호함을 명확함으로 바꾸며
사람들에게 빛을 비추어 주는 이들보다 더 뛰어난 자는
어떤 사람일까? 바로 빛의 방향을 통제하고 조정할
수 있는 사람이다. 나무가 빛의 방향대로 자라나듯
이 세상의 모든 생물들은 빛이 비추는 방향대로 자란다.
빛의 방향이 성장의 방향을 결정하고 빛의 세기가
성장의 크기를 결정한다. 궁극적인 유능함도 이와 같다.
즉, '사람들을 너의 의도대로 다루는 것'이지.
그런데 여기서 주의해야 할 것이 한 가지 있다. 사람들에게
너의 의도를 쉽게 내비쳐서는 안 된다는 점이야.
동시에 그들의 행동을 마치 그들 스스로 결정한 것처럼
느끼게 만들 수 있다면 그것은 유능함을 넘어 '탁월함'
이라고 이야기할 수 있지. 즉

최고의 유능함은 '사람들로 하여금 **자신의 행동을 스스로 결정했다고 착각하게 만드는 것**'이다.

너를 만나기 이전에 나와 함께 했던 친구 얘기를 해 주고 싶구나. 단언컨대, 녀석은 내가 만난 어느 누구보다 '탁월한' 사람이었다. 그가 가지고 있던 유능함에 대한 욕망은 매우 강렬했다. 이전까지 자신이 걸어온 행보에 자부심이 대단했고 스스로 만들어 가는 선택에 어떠한 후회도 남기지 않았지. 그는 내가 제안하는 의견들을 누구보다 빠르게 수용했고 모두가 이야기하는 유능함의 수준을 뛰어넘어 탁월함의 상태에 도달했다. 그가 어떠한 특성을 지니고 있었는지 아니?

먼저, 그는 자신의 소유권을 놓지 않았다. 사람들에게 절대로 퍼즐판 전체의 모습을 알려 주지 않고 '능력'과 '경험'을 고려해 한두 조각씩의 퍼즐만 나누어 준다. 조각이 만들어질 전체의 의미를 아는 것은 오직 리더에게만 허락된 권리이자 책임이지. 퍼즐 조각 앞에 놓여 있는 어린 아이들은 모호함으로 인해 퍼즐판을 들고 있는 이에게 의존하고 순응할 수밖에 없다. 그들은 오직 리더가 제시하는 퍼즐판에 이미 모양이 정해져 있는 퍼즐을 겨우 끼워 맞출 뿐이지.

동시에 그는 퍼즐 조각을 들고 있는 사람들의
소유권도 인정해 주었다. 유능한 사람들의 착각 중
하나는 본인이 나누어 준 퍼즐을 들고 있는 사람들이
본인의 의도대로 움직이지 않을 경우, 그들의 퍼즐에
대한 소유권을 회수하려고 한다는 점이다.
하지만 탁월한 사람들은 쉽사리 그들의 소유권을 빼앗지
않는다. 아니 오히려 그들의 소유권을 인정함으로써
자신의 통제력을 더욱 강화하지. 이는 마치 중세 유럽의
봉건 사회에서 영주와 농노 사이의 관계와 같다.
영주는 농노들에게 토지를 경작하게 하여 사회적 역할을
제공한다. 그 대가로 농노는 영주에게 각종 세금을
바치며 다양한 노역에 참여하지. 농노들에게 내려진
토지와 노역은 자신들의 생활을 유지하는 필수적인
기반이 된다. 만일, 누군가가 어느 날 갑자기 삶의
기반을 빼앗긴다면 어떨까? 아마 비슷한 이해관계에
있는 사람들끼리 연합하여 영주에게 대항할 것이다.
이렇게까지 가서는 곤란하지. 영주 입장에서도
수확해야 할 농작물을 제때 얻기 어려울 것이고
불필요한 자원과 에너지를 사용하게 되겠지.
따라서 그들이 가지고 있는 작은 퍼즐 조각 정도 되는
토지에 대한 소유권을 인정해 주는 것이 훨씬 이로운
일이다. 소유권을 인정해 준다 하더라도 어차피 실제로는
그들의 것도 아니지 않느냐. 다만 탁월함을 얻기 위해
네가 해야 할 일은 그들이 현재 경작하고 있는 그 토지가
본인의 깜냥 안에서 이미 충분한 수준의 토지인 것으로
받아들이게 하는 것이다. 굳이 새로운 방식의 토지
경작법을 고민하게 만들지 말고, 지금까지 해 왔던
토지 관리 방식이 훌륭했다고 이야기해 주거라.
그리고 그들이 흘린 땀과 피로가 조직에 큰 기여가
되었다고 격려해 주거라.

**중요한 건
그들이 계속해서
자신들의 정체성을
의심하지 말고
현재의 역할 범위 안에
충실하게 만드는 것이다.**

그들은 지금까지
본인들이 이뤄 낸 것들이
여태껏 경험하지 못한
새로운 곳으로 넘어가는
가장 큰 장애라는 점을
모르거든.

　　오직 그들이 소유하고 있는 토지의 생산성만을 지표로 그 기준이 충족되는 한, 그들이 의심 없이 지금까지 수행해 온 본인의 역할과 방식에만 집중할 수 있도록 돕는다면 영주와 농노의 계약관계는 조금 더 오래 지속될 수 있을 게다.

　　사람들로 하여금 자신의 행동을 스스로 결정했다고 믿게 하려면 '이중성'이 필요하다. 그 이중성은 주로 '자유'에 대한 것이지. 대부분의 사람들은 자신들의 자유가 누군가에게 귀속되어 있다는 사실도 모른 채 스스로 자유를 가지고 있다고 믿고 있다.

자유를 부여하면서도 **자유를 소유하는 것,**

그것이 네가
유능함에서 탁월함으로
넘어가기 위해
반드시
터득해야 할 기술이다.

난 네가 지금보다 훨씬 큰 자유를 누리길 바란다.
그리고 동시에 나에게 더 깊이 속해 있길 바라지.
네가 이 말을 이해한다면 조금은 탁월함의 단계로 한발 나아갔다고
볼 수 있겠구나.

그럼 오늘도 승리하렴.

너를 아끼는 Dilemma

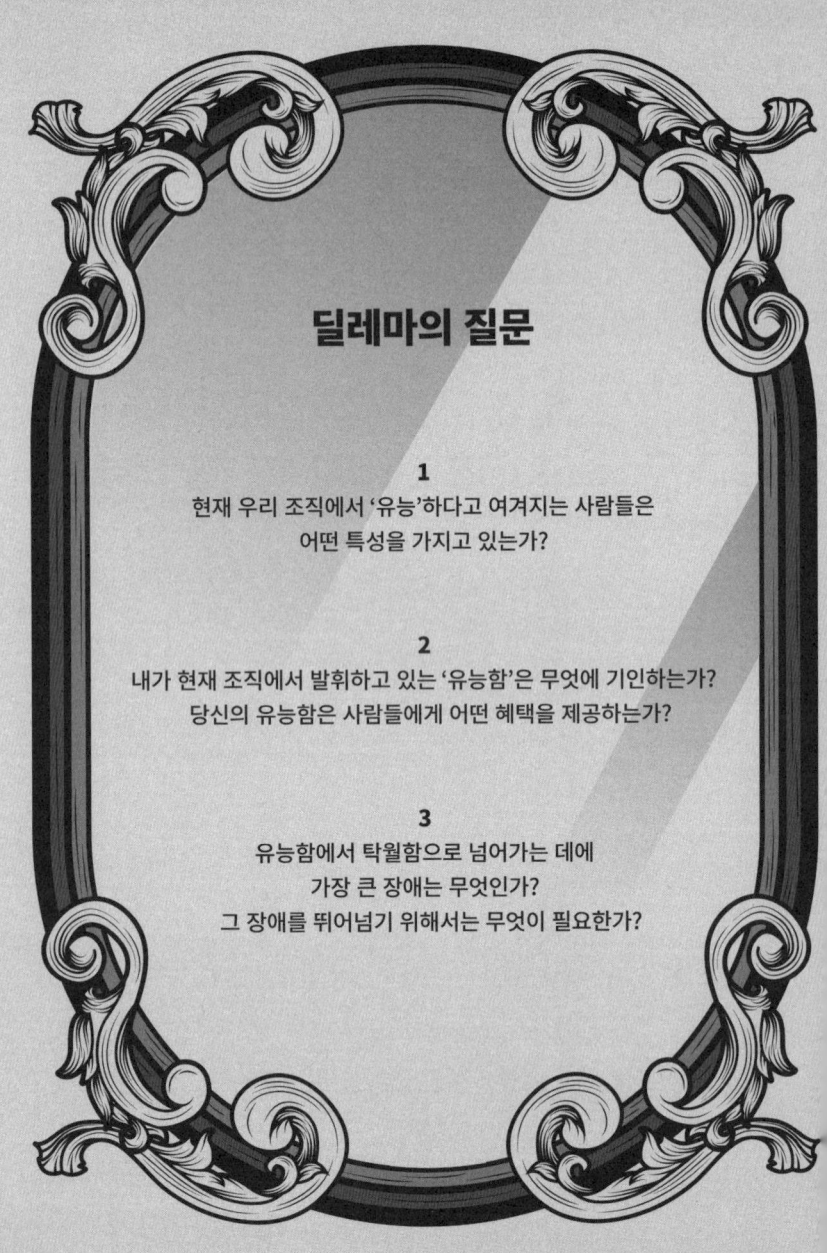

딜레마의 질문

1
현재 우리 조직에서 '유능'하다고 여겨지는 사람들은
어떤 특성을 가지고 있는가?

2
내가 현재 조직에서 발휘하고 있는 '유능함'은 무엇에 기인하는가?
당신의 유능함은 사람들에게 어떤 혜택을 제공하는가?

3
유능함에서 탁월함으로 넘어가는 데에
가장 큰 장애는 무엇인가?
그 장애를 뛰어넘기 위해서는 무엇이 필요한가?

얼음군 반제 편지

딜레마의
열여덟번째

편

편

지

지

사랑하는 L에게

얼마 전 연말 타운홀미팅(town hall meeting)에서 너희 팀이 진행한 프로젝트가 올해의 프로젝트 최우수상을 받았다니 나 역시 그 소식을 듣고 얼마나 뿌듯했는지 모른다. 그 과정에서 J가 탁월한 능력을 발휘했다고 들었다. 최근에 J의 행보를 지켜보니 아직 연차도 얼마 되지 않은 녀석이 꽤 대담하더구나. 목표에 대해 누구보다 뜨거운 욕망과 그 욕망을 실현시키기 위해 어떠한 수단도 가리지 않는 대단한 집념, 무엇보다 자신이 어떠한 힘을 가지고 있고 그 힘으로 어디까지 갈 수 있는지를 정확히 꿰뚫고 있다는 것은 실로 놀라운 일이지. 보통 조직

안에서 그보다 훨씬 오랫동안
일한 사람들도 본인이 어떤
종류의 힘을 가지고 있고
그 힘으로 무엇을 할 수 있는지를
잘 깨닫지 못하고 있거든.
뭐, 일반적으로 회사 안에 자리를
차지하고 있는 인간들이 가지고
있는 힘이라고 해 봤자 본인의
자리를 더 견고하게 지키고자 하는
힘 아니겠니. 개미처럼 작은
모래알들을 집어다가 누군가
판을 흔들어 버리면 단번에
스러질 작은 성을 쌓아 놓고
절대 넘어지지 않을 거라는
착각 속에서 어제도 오늘도 비슷한
크기의 모래알들을 집어 올린다.

하지만 너나 J는 알고 있지 않니.
그보다 크고 단단한 성을 쌓아 올릴
수 있다는 걸.

사람들은 종종 작은 성이 무너지는 O
성을 만든 이의 욕심 때문이라고 하지
그 말은 작은 성을 만든 사람들에게
책임을 돌리고
죄책감을 씌우기 위한 횡포에 불과하

**작은 성이 무너지는 진짜 O
그 옆에 더 큰 성이 등장했기**

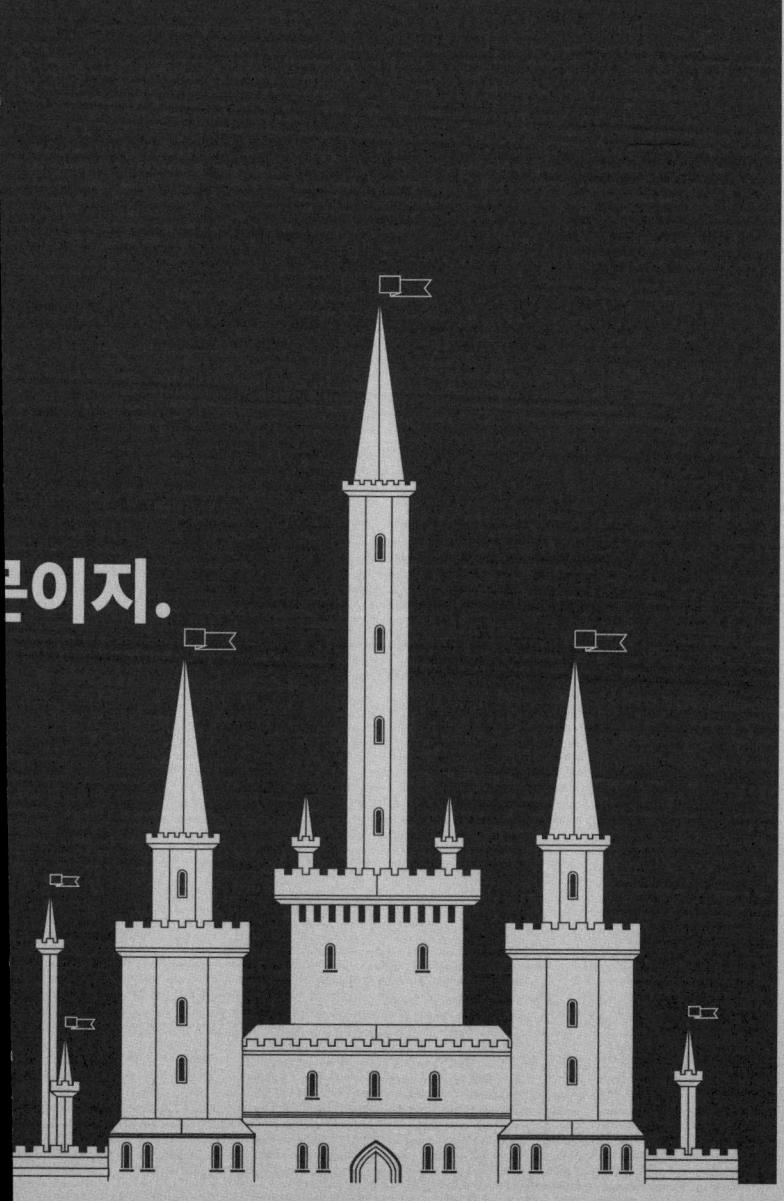

어느 아이가 몇 시간 동안 정성스럽게
모래성을 만들었는데, 바로 옆에 훨씬 크고 웅장한
모래성이 등장하면 그 아이의 기분은 어떨까?
지금까지 본인이 했던 노력이 무의미하게 느껴지겠지.
그동안 멋지게 잘 만들었다고 생각한 나의 모래성은
옆에 있는 거대한 모래성 앞에서 굉장히 초라하고
볼품없게 느껴질 것이다. 이런 생각이 들면 처음에
모래성을 만들었던 아이는 자신이 정성스럽게 만든
모래성을 스스로 무너뜨릴지도 모르지. 옆에 있는
사람이 보면 스스로 성을 무너뜨린 것 같지만 실은,
옆에 새롭게 등장한 크고 웅장한 모래성 때문에 자신의
모래성이 무너졌다는 것이 자신에겐 더 진실에
가까울 게다.

그래서, 누군가 일을 하는 이유가 단지 재미와
호기심이라면 상당히 위험한 일이 될 수 있다.
결국 인간은 자신이 일을 통해 만들어 낸 결과물을 옆에
있는 다른 사람과 비교하게 되어 있거든. 그와 비교하여
내 결과물이 볼품없고 초라하게 느껴지면 모래성을
무너뜨리 듯 처음부터 없었던 것으로 치부해 버리게
되지. 조직 안에서 이러한 일이 생긴다고 생각해 보거라.
그동안 그에게 투자한 시간과 비용은 누가 책임져야
할까? 그리고 그가 만들어 낸 결과물에 대해서는
누가 얼마큼의 부담을 떠안아야 할까? 재미와 호기심으로
시작한 일은 절대 지속적으로 진행될 수가 없다.
그의 일을 떠안는 것도 부담이지만 언젠가는 반드시
옆에 더 큰 성이 등장하여 그가 만든 성을 무너뜨리기
마련이거든. 따라서 조직 안에서 일은 기능적으로
충분한 힘과 능력을 갖추고 있고 그 힘을 제대로 발휘할
수 있는 사람과 잘 관계를 맺어야 한다. 자신이 어떤 힘이
있는지도 모르고 그 힘을 잘 써본 적도 없는 이들은
그저 필요한 모래알이나 잘 주워 오게 하면 그만이지.
그들은 그러한 역할만으로도 자신이 쓸모 있으며
존재가치를 인정받고 있다고 생각할 테니 말이야.

　너희 조직에 몇몇 쓸 만한 인재들이 있지만
그중에서도 J는 꽤 눈여겨볼 만하더구나. J처럼 자신의
욕망에 솔직하고 그것을 드러내는 데 거침이 없는
인간은 진정한 자유를 누릴 자격이 충분하다.
드넓은 해변에서 마음껏 자신이 꿈꾸는 모래성을
지을 자유 말이다. 내가 조금만 더 도움을 주면 그는
앞으로 몇 배나 큰 성을 쌓을 수 있겠어! 그가 앞으로
만들 성들이 기대가 되는구나. 그가 성을 만들 때마다
이전에 만든 성들은 물거품과 함께 사라지겠지.

열요덟 번째 보기

'탁월함'이라는 기준은
그가 새로운 성을
만들 때마다
새롭게 정의될 게야!

이전에 훌륭하다고 칭송받던 결과물들은 J가 제시하는 결과물들 앞에서 그저 평범함으로, 부족함으로, 아쉬움으로 옮겨 가며 점차 사람들 기억 속에서 잊혀질 게다. 이런 맥락에서 J가 누리는 자유는 이전에 없던 새로운 기준을 제시하는 일이 되겠지. 생각만 해도 내 마음이 설레는구나!

　　아, 혹시나 해서 일러두는데 말이다. 내가 앞으로 조금 바빠질 것 같구나. 아마 지금처럼 자주 네게 편지를 보내기는 어려울 게다. 그렇다고 너무 섭섭하게 생각하지 말거라. 묵은 해가 가고 새해가 오면 사람들이 새로운 목표와 계획을 고민하듯 나 역시 너를 위해 새로운 계획을 구상하는 시간이 될 테니. 내가 이 시간을 충분히 즐길 수 있는 호사를 누릴 수 있게 네가 너그럽게 이해해 주면 좋겠구나.

그럼, 오늘도 승리하렴.

너를 아끼는 Dilemma

딜레마의 질문

1
조직 안의 각 개인은 자신의 힘을 어떻게 발견할 수 있을까?
개인이 가지고 있는 힘을 발견하기 위해서는
어떤 도움이 필요한가?

2
조직 안에서 일을 하는 동기가 '재미와 호기심'이 될 수 있을까?
꾸준히 좋은 결과를 만들어 내며
일을 하기 위해서 필요한 동기는 무엇인가?

3
전문성과 자유는 어떤 관계를 가지고 있을까?
일을 하는 장면에서
자유는 어떤 모습으로 발현되어야 하는가?

딜레마의

열아홉번째 X

편지

편지

L에게

오래간만에 네게 소식을 전하는구나.
그동안 몇 번 네 편지를 받아 보았지만 새로운 계획을
구상하느라 좀처럼 답장할 시간을 내기가 어려웠다.
우리 세계도 인간들의 세계처럼 연말, 연초가
꽤 정신없이 지나가는 편이거든. 동료들과 함께
서로 담당하고 있는 조직에 대한 이야기를 나누며
지난 우리의 활동을 회고하지. 동시에 우리와 함께하고
있는 인간 파트너들과 무슨 내용으로 새로운 영감과
과제를 공유해야 할지를 고민하며 구체적인 계획을
수립한단다. 너도 알다시피 이 과정이 간단해 보여도
꽤 오랜 시간을 필요로 하잖니. 이 일을 하고 있는
우리 각자의 생각도 다르고 말이야. 여하튼….
너에게 편지를 쓸 시간도 낼 수 없을 정도로 내가
꽤 바쁘게 지내고 있다는 사실을 네가 꼭 알아주었으면
좋겠구나.

그동안 네가 나에게 보내온 편지를 보니
상당히 초조한 마음이 엿보이더구나. 그게 다름 아닌
J 때문이라고? 고작 두어 달 사이에 J의 입지가
조직 내에서 상당히 올라간 것 같아 네 마음이 불편해진
모양이다. 그런데 그야 이미 예견된 상황 아니었니?
지난번 편지에서 나는 J의 잠재력에 대해 언급을 했었다.
그렇다고 오해하진 말거라. 내가 그 사이 그에게 특별한
언질이나 도움을 준 건 아니니까 말이다. 나는 지금 네가
가지고 있는 불편함을 누구보다 잘 이해한다.

J는 현재 너의 팀원이고 J가 이렇게 실력을 인정받을 수 있게 된 것은 누가 봐도 네 덕 아니냐. 네가 그의 잠재력을 알아보고 그를 네 밑에 두었고 그가 새로운 역할로 힘들어 할 때 그가 다시 본래의 컨디션을 회복할 수 있도록 큰 도움을 준 것도 너였다. 결정적으로 그가 비슷한 연차의 동료보다 더 많은 보상과 기회를 얻게 된 것은 누구보다 너의 힘 덕분 아니었느냐.

현재
그의 존재감은
네가 보여 준
영향력의
반사일 뿐이다.

그런데 그가 네게 머리를 숙여 존경을
표기하기는커녕 자신이 뭐라도 되는 양 여기저기
가증스러운 웃음을 흘리며 사람들의 환심을 사는 모습을
보면 속이 뒤집어지는 것이 당연하지. 그의 마음에
가득한 욕망을 누구보다 너나 내가 잘 알고 있는데
사람들 앞에서 겸손을 떨며 가득 위장하고 있는
그의 모습이 눈에 가시처럼 여겨지는 건 지극히
당연한 일이다. 암, 그렇고 말고.

털면 먼지 없는 사람 없다고 이번 기회에
그를 속속들이 한번 털어 보는 건 어떨까. 고마움을
모르고 잔뜩 거만하게 굴고 있는 녀석의 콧대를 한 번쯤
납작하게 눌러주는 것도 리더로서 해야 할 일이겠지.
이를 위해선 상당히 전략적으로 움직여야 한다.
먼저, 네 부서의 다른 팀원과 J의 행실에 대해 이야기를
나누어 보는 건 어떨까? 분명 몇몇은 최근 J의 조직 내
존재감에 불만을 품고 그의 행실에 대해 좋지 않게
생각할 게다. 그들에게 J의 좋지 않은 행실을 슬쩍
던져 두고, 동시에 J에게도 다른 팀원의 행실에 대해서도
적당히 꾸며서 전달해 놓아라.

둘 사이에
미끼를 던져 두고
그 미끼를 가운데 두고
서로 싸우게 만들라는
말이다.

열아홉 번째 편지

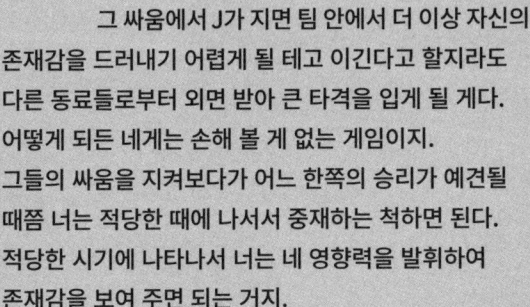

    그 싸움에서 J가 지면 팀 안에서 더 이상 자신의
존재감을 드러내기 어렵게 될 테고 이긴다고 할지라도
다른 동료들로부터 외면 받아 큰 타격을 입게 될 게다.
어떻게 되든 네게는 손해 볼 게 없는 게임이지.
그들의 싸움을 지켜보다가 어느 한쪽의 승리가 예견될
때쯤 너는 적당한 때에 나서서 중재하는 척하면 된다.
적당한 시기에 나타나서 너는 네 영향력을 발휘하여
존재감을 보여 주면 되는 거지.

    여러 가지 계획으로 바쁘니 이제 더 이상 이런
사소한 일로 내가 신경 쓰도록 하지 않으면 좋겠구나.
아무쪼록 현명한 선택과 결정을 하길 바란다.

매번 너의 선택을 응원한다.

너를 아끼는 Dilemma

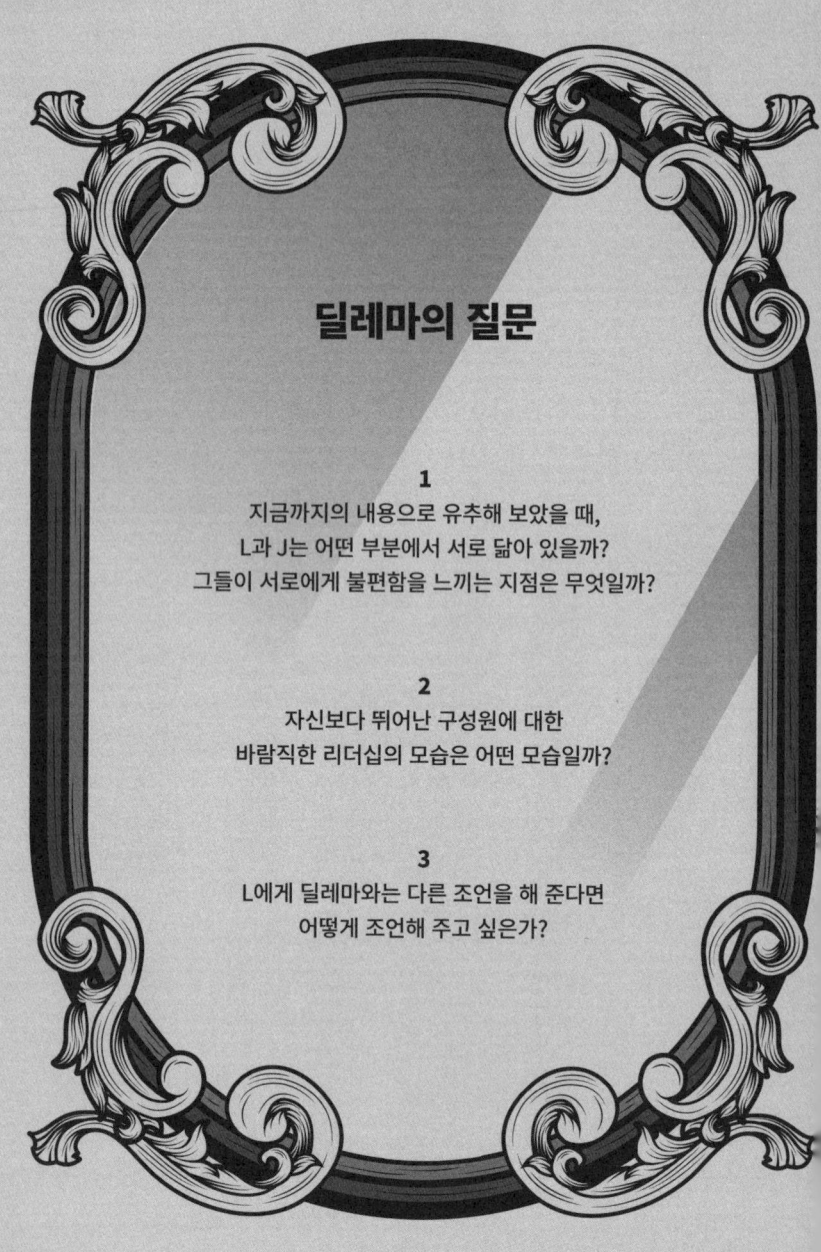

딜레마의 질문

1
지금까지의 내용으로 유추해 보았을 때,
L과 J는 어떤 부분에서 서로 닮아 있을까?
그들이 서로에게 불편함을 느끼는 지점은 무엇일까?

2
자신보다 뛰어난 구성원에 대한
바람직한 리더십의 모습은 어떤 모습일까?

3
L에게 딜레마와는 다른 조언을 해 준다면
어떻게 조언해 주고 싶은가?

열아홉 번째 편지

딜 레 마 의
스 무 번 째
X

편지

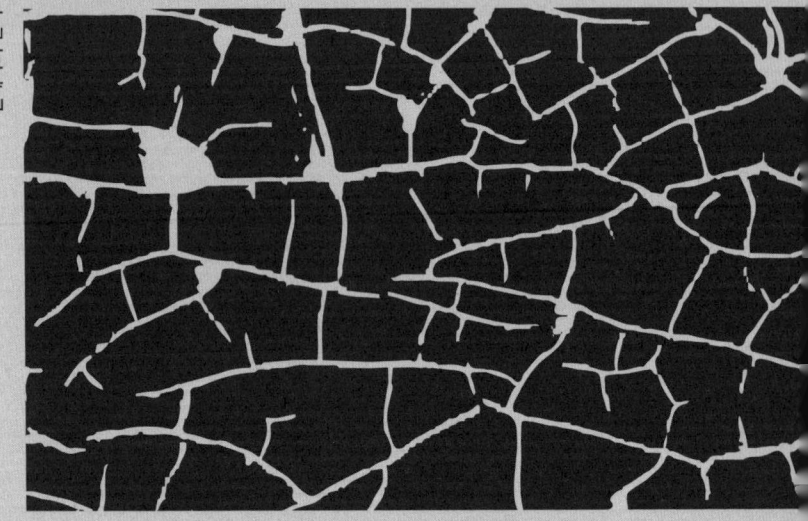

L에게

그러게, 네가 현명한 선택을 하라고 늘 신신당부하였잖느냐. 어설프게 미끼를 풀어놓고 이제 와서 나보고 뭘 어떻게 해 달라는 소리냐. J와 다른 팀원들이 연대하여 결국 네 입장이 난처해진 것은 네가 선택한 일에 대해 너 스스로 감당해야 할 결과다. 네가 결정한 선택에 대해 네가 책임져야 할 몫이란 말이다. 이 상황을 스스로 통제하지도 못하고 어찌할 줄을 몰라 쩔쩔매는 꼴이라니…. 쯧쯧.

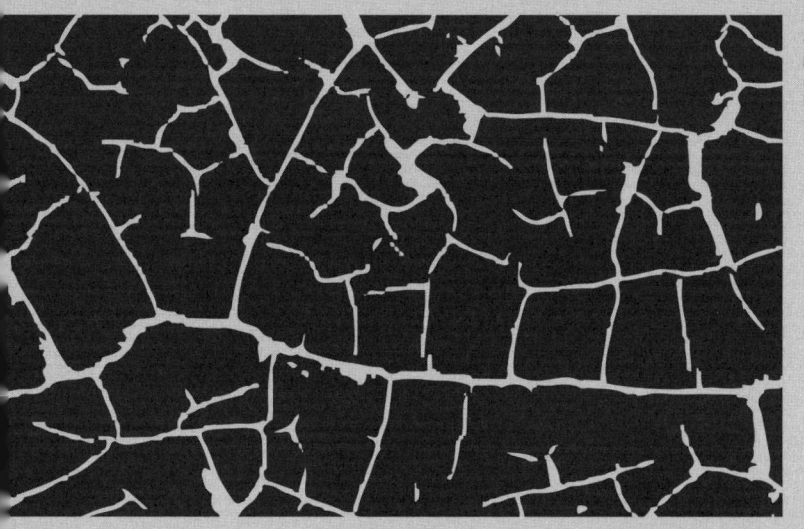

스무 번째 표지

　　내가 아무래도 그동안 너를 과대평가 한 모양이다. 그동안 나의 가르침으로 이제 충분히 모든 것을 통제하고 스스로 책임의 몫을 감당할 수 있을 줄 알았건만….
넌 실은 나 없인 아무것도 할 수 없는 종이 인형에 불과했다. 그저 내가 지시한 대로 나의 조정에 따라 움직이는 꼭두각시에 불과했단 말이다.

　　어리석은 것….
스스로 사유하고 결정할 수 있는 힘이 자신한테 있는 것도 모른 채 그저 맹목적으로 내게 의존하는 인간에겐 나 역시 매력을 느끼지 못한다. 단호하게 말하지만, 내가 너를 내게 의존케 만들었다고 착각하지 말아라. 나는 그저 너의 의지에 불을 지펴 너의 용기가 활활 타오를 수 있게 하는 불쏘시개였을 뿐 그것을 사용하는 것은 오롯이 너의 선택이었으니 말이다.

나는 이제 떠나야겠다. 너보다 더 크고 웅장한 성을 쌓을 수 있는 인간에게로 말이야. 가만 보니 J가 좀 쓸 만하겠던걸? 나는 그에게 '행복에 대한 욕망'을 부어 최고의 자유를 누릴 수 있게 만들 계획이다. 이미 그를 위한 구체적인 계획들을 세워 놓았지. 내가 너를 떠나보내는 것이 그 계획의 첫 번째 구체적인 실행이 되겠구나. 후후.

떠나기 전에 내가 그동안 가지고 있던 쪽지를 편지 봉투에 함께 전달해 주마. 이제 내가 더 이상 이 쪽지를 가지고 있을 필요는 없을 것 같거든. 그동안의 정으로 내가 네게 남기는 작은 선물이라고 생각하렴.

그럼, 안녕.

너를 영원히 아끼는 Dilemma

인간은 미래가 어떻게 될지 모를 뿐 아니라,
그 미래의 모습이란 게 사실은
상당 부분 지금 자기들의 선택에 달려 있다는 것도 모르니까.
그들은 오히려 미래에 기대어 지금 선택을 내리려고 들지.

그 결과,
인간들이 이런 진공 상태에서 우왕좌왕하는 사이에 살짝 침입하여
우리가 이미 정해 놓은 행동을 하게 만들 좋은 기회가 생기는 게야.

- C.S Lewis, <The Screwtape Letters>

베리타스(Veritas)의 쪽지

*베리타스(Veritas) : '진리'라는 뜻으로 로마 신화의 진실의 여신을 뜻하기도 한다.
서울대학교에서는 VERITAS LUX MEA(진리는 나의 빛) 라는 말을 교훈으로 사용하는 등
국내외 유수 대학의 모토로 사용되고 있다.

미래는 '지금과는 다른 현실'에 다름 아니다.
지금과는 다른 현실을 만드는 것이 '변화'이고
다른 현실은 지금과는 다른 '선택'에서부터 시작한다.
그래서 우리는 늘 '선택'에 집중해야 한다.
미래에 만날 다른 현실을 위해
지금과는 다른 선택을 하는 '용기'를 내야 한다.
나의 용기 있는 선택을 위해
우리는 내 선택에 영향을 주는 '가치'를 매 순간 살펴야 한다.

악마 딜레마(Dilemma)는 가치에 대한 해석을
모호하게 만들어 가치 판단에 이중성을 부여한다.
동전의 양면처럼 동시에 두 개의 얼굴을 가진 가치를 띄워 놓고
선택의 방향을 완전히 다르게 설계한 후,
그에 대한 책임을 다시 인간에게 돌린다.
따라서 우리는 선택에 집중하여 판단을 내릴 때
변하는 것과 변하지 않는 것을 매 순간 구별해야 한다.
악마 딜레마의 속삭임은 이러한 우리의 인식과 사고마저 흐려 놓지만
다행스럽게도 결국, 선택은 언제나 우리 몫이다.

부디,
지금 전달하는 딜레마의 편지를 통해
당신의 선택을 다시 바라볼 수 있길.

*Veritas로부터

그래서, 인터널브랜딩
:브랜딩스러운 조직문화 이야기

<그래서, 인터널브랜딩>은
조직문화와 개인의 성장을 브랜딩의 관점을 빌려 이야기합니다.
남들과는 다른 특별한 '나다움'을 찾는 방법에 대해 고민하고 있다면,
조직 안에서 '우리다운' 문화를 어떻게 만들지 고민하고 있다면
이 책이 참고할 만한 가이드가 될 수 있습니다.

조직문화 재구성,
개인주의 공동체를 꿈꾸다

'수평적인 조직문화'를 고민하기 전에 근본적으로 돌아봐야 할 것은 무엇이고,
조직 안에서 개인은 어떻게 존재하고 있으며,
많은 한계와 제약을 극복하고 온전한 조직문화를 만들기 위해서는
무엇을 고려해야 하는지를 탐색합니다.
조직 안에서 개인 간의 분리를 넘어
개인 스스로도 분리되어 소외와 고립을 경험하고 있는 오늘날,
개인과 조직에게 필요한 대안을 제시합니다.